λόγος

로고스
고전학교

1

천년의 독서

λόγος

로고스
고전학교

1

전병국 지음

천년의 독서

길 잃은 시대에 다시 만나는,
독서의 기술 자유의 기술

| 일러두기 |

이 책에 나오는 인용문 번역은 대부분 필자가 직접 했다. 원저자와 책 이름이 본문에 명시되어 있거나 미루어 알 수 있기 때문에 출처를 별도로 밝히지 않았다. 우리말 번역본을 인용한 경우는 각주에 표시했다.

우리 인생에 르네상스가 없는 이유는

책을 읽지 않았기 때문이다.

읽었는데도 변화가 없는 이유는

제대로 읽지 않았기 때문이다.

서문

옛적길을 따라서

고전이 좋다. 읽어야 한다. 수없이 듣는 말이다. 그런데 막상 책을 집어들고 읽으려면 막막하다. 이렇게 고전(苦戰)해서 고전인가? 씁쓸한 농담을 던지며 머리를 긁적인다. “고전은 모두가 읽었다고 말하고 싶지만 아무도 읽지 않는 책”이라는 마크 트웨인의 말이 새삼 다가온다.

지난 세월 독서 공동체와 인문학 교실을 이끌면서 가장 큰 고민은 ‘왜’ 읽어야 하는지가 아니었다. 그런 이야기라면 귀가 따갑게 들었다. 진짜든 아니든 스티브 잡스가 검푸른 바탕의 프레젠테이션으로 “기술과 인문학의 결합”을 외쳤을 때 ‘왜’에 대한 게임은 끝났다. 읽어야 한다는 생각을 갖게 했으니 어떻든 고마운 일이다. 인문학과 고전을 공부할수록 갑부가 되는 것이 아니라 돈과 멀어지면서 배고

픈 소크라테스에 가까워진다는 것쯤이야 나중에 알아도 상관없지 않겠는가?

가장 큰 고민은 '어떻게' 읽느냐였다. 그런데 정작 이 중요한 질문에 제대로 답해주는 사람이 많지 않았다. 이런저런 원리들을 이야기하는 경우는 있었다. 하지만 대부분 너무 추상적이거나 단편적이었다. 체계적이고 실제적인 이야기는 찾기 어려웠다.

책을 읽겠다고 찾아온 사람들에게 선문답처럼 독서법을 이야기할 수는 없었다. 책 좀 읽는다는 약간의 교만이 교사의 단상에서 여지없이 무너졌다. 그때부터 씨름이 시작되었다. 한 권의 책을 다 읽었다는 것은 정말 어떤 상태를 말하는 것인가? 그러기 위해서는 어떻게 읽어가야 하는가? 옛 스승들에게 물었다. 묻고 또 물으며 씨름했다.

옛 스승들을 따르던 그 걸음을 이 책에 담았다. 오래전부터 초대하고 싶었다. 함께 걷고 싶었다. 천천히 뜨겁게. 위대한 스승들 곁에서 벗으로 함께.

물론 호젓한 산책로만 있는 것은 아니다. 때로는 치열하게 등산을 해야 한다. 산들바람도 있고 폭풍도 있다. 하지만 걱정할 필요 없다. 언제나 그 길은 지금보다 더 나은 곳을 향해 간다. 더 감사한 것은 언제나 혼자가 아니라는 것이다. 앞서 이끄는 스승들이 있고 함께 가는 벗들이 있다.

덕의 길은 외롭지 않다. 반드시 이웃이 있다(德不孤 必有隣).

차례

1

우리 인생에 르네상스가 없는 이유

인생에는 뜻이 있다. 대학 강단에 서는 사람이든 편의점에서 아르바이트를 하는 사람이든 모든 인생에는 뜻이 있다. 각자 주어진 뜻이 다르다. 서로 비교하는 것은 아무 의미가 없다. 강단에서 분필을 들고 있다고 더 큰 뜻을 지니고 사는 것이 아니다. 비교는 자신에게 주어진 뜻과 자신의 오늘을 비교할 때만 의미가 있다.

뜻은 씨앗으로 주어진다. 인생은 그 뜻을 가꾸고 열매를 맺는 발걸음이다. 가장 위대한 뜻은 한 사람의 인생에서 그 뜻이 찬란하게 꽃필 때 드러난다. 노래할 자가 노래하고, 아이들과 있을 자가 아이들과 있을 때 빛을 발한다. 존재의 본질, 존재의 이유가 꽃핀다. 탁월함이 꽃핀다.

인생에 뜻이 있기에 인생들이 뭉친 공동체에도 뜻이 있다. 가족에도 나라에도, 시대에도 뜻이 있다. 더 나은 세상을 바라는, 모든 공동체적 꿈과 노력은 뜻을 알아가고 실현해가는 몸부림이다.

그 뜻이 인생에 꽃피는 날, 그 뜻이 시대에 꽃피는 날은 얼마나 아름다운가? 그 탁월함은 또 얼마나 경이로운가? 옛날 그리스 사람들은 그 날을 '아레테(arete)'라고 불렀다. 동양의 현자들은 '덕(德)'이라 불렀다. 각자에게 주어진 뜻과 잠재력이 빛나는 경지다. 인간이 인간이 된다. 나는 나답고 너는 너다워지는 날이다. 역사에도 그런 날들이 있다. 르네상스가 그렇고 종교개혁이 그렇다. 한 시대의 인생들이 연이어 깨어났다. 그리하여 르네상스 시대에 인간은 인간이 되었고, 종교개혁 시대에 신앙은 신앙이 되었다. 찬란하고 장엄한 날들이었다.

누구인들 자기 인생에 르네상스를 꿈꾸지 않겠는가? 누구인들 공동체에 르네상스가 꽃피길 바라지 않겠는가? 연이어 묻게 된다. 그 모든 열망에도 불구하고 왜 우리 인생에는 르네상스가 오지 않는가? 삶에서도 가정에서도 마을에서도 사랑하는 조국에서도 르네상스와 종교개혁을 볼 수 없는 이유는 무엇인가?

대답은 르네상스 사람들에게서 들을 수 있다. 르네상스가 르네상스일 수 있었던 것은 중세 천년 동안 희미해졌던 천년의 지혜를 찾았기 때문이다. 특별한 책을 특별한 방법으로 읽는 천년의 독서였다. 르네상스와 종교개혁은 근원이 아니라 열매였다. 그 부흥과 개혁의 뿌리는 단 하나였다. "근원으로(Ad Fontes)!" 독서였다. 원전을 읽는 독서였다. 그러나 단순한 원어 읽기 따위가 아니었다. 그저 그런 책을 그저 그런 방식으로 읽는 독서로는 얻을 수 없는 특별한 비밀이 그들에게 있었다. 에라스무스(Erasmus)도 마르틴 루터(Martin Luther)도 그렇게 읽었다. 책이 나오지만 책을 사지만 책을 읽지만 오늘에는 그런 것이 없다. 중세의 어둠이 하늘을 덮고 있다.

천년의 지혜, 천년의 독서는 특정한 시대만의 비밀이 아니었다. 서양이든 동양이든 옛 스승들은 이름만 다를 뿐 모두 이 비밀을 알고 있었다. 그 지혜를 찾은 사람들은 인생의 르네상스를 꽃피웠다. 그 지혜를 찾은 시대는 역사 속에서 해처럼 빛났다. 우리 인생에 르네상스가 없는 이유는 책을 읽지 않았기 때문이다. 읽었는데도 변화가 없는 이유는 제대로 읽지 않았기 때문이다. 천년의 독서를 잃어버렸기 때문이다.

이제 그 지혜를 다시 찾는 여정을 시작하려고 한다. 먼저 우리는 스승들의 죽비를 맞는 일부터 시작해야 한다. 우리에게 버리고 중단할 일들이 있기 때문이다.

01

영원한 텍스트의 샘

독서하는데 왜 달라지지 않을까? 공부하는데 왜 제자리를 맴도는 걸까? 왜 오히려 더 뒷걸음질칠까? 지금으로부터 2000년 전에도 이런 상황을 아파하던 사람이 있었다. 어렵사리 진리와 행복의 길에 들어섰던 동료들이 흔들리고 있었다. 핍박에 흔들리고 유혹에 흔들렸다. 동료이자 스승이었던 그는 멀리서 이 소식을 듣고 편지를 썼다. 지금 가는 길이 얼마나 위대한 길인지 알려주고 싶었다. 넘어지지 말고 돌아서지 말라고, 흩어지지 말라고 격려해주고 싶었다. 안타까운 마음으로 편지를 시작했다. 그런데 이런저런 말을 하던 스승이 갑자기 이야기를 멈추었다.

"할 말은 많지만 여러분의 귀가 어두워졌습니다. 더 이상 말해 무엇하겠습니까?"

편지를 받은 사람들도 숨을 죽였다. 잠시 후 스승이 목소리를 높였다. 꾸짖기 시작했다.

"세월이 이 정도 지났으면 여러분은 이미 선생이 되었어야 합니다. 그런데 또다시 누군가에게 기초를 배워야 할 처지입니다. 딱딱한 음식은 못 먹고 젖이나 먹어야 할 지경이 되었습니다."

서점의 인문학 코너가 북적거린다. 사람들이 책을 들고 있다. 젖먹이용 책들이다. 엄마들이 먼저 먹고 소화해서 젖을 물려준다. 모두가 턱받이를 한 채 오물거린다. 딱딱한 음식을 먹는 사람은 쉽게 볼 수 없다. 기껏해야 이유식 코너 앞에 몇몇이 있을 뿐이다. 젖먹이는 혁명도 개혁도 할 수 없다. 르네상스는 없다.

옛 스승이 계속 꾸짖는다.

"젖먹이는 어린네입니다. 참되고 불변하는 텍스트를 다룰 줄 모릅니다."

이유는 간단하다. 직접 읽지 않고 항상 남이 걸러준 이야기에 만족한다. 참되고 불변하는 근원적 텍스트를 들고 씨름하지 않는다.

고전 읽기가 아니라 고전에 대한 책 읽기만 난무한다. 2000년 전이나 지금이나 똑같다.

서점에서 단편소설집을 살펴본다. 텍스트를 스스로 즐길 수 있게 길을 열어둔 책을 찾기 어렵다. 단편소설집 상당수가 대학입시 수험서로 전락한 것은 이미 오래전 일이다. 심지어 소설 텍스트가 나오기 전에 줄거리를 미리 알려주는 책들이 수두룩하다. 문학 작품에서 줄거리를 미리 알려주는 것은 즐거움을 뺏는 일이다. 지성의 근육을 위축시키는 일이다. 〈감자〉의 복녀가 타락하고 죽임당할 것을 미리 알고 읽게 하는 이유가 도대체 무엇인가? 그냥 빨리 파악하고 외우라는 것이다. 독자가 파고들 여백이 없다. 학생이 씨름할 빈자리가 없다. 화려한 편집과 그림과 요약이 텍스트와의 씨름을 대신하는 순간 독서는 죽는다. 교육도 죽는다. 젖 먹는 시기는 꼭 필요하지만 영원히 젖만 먹는 사람은 정상이 아니다.

> "딱딱한 음식은 어른들 것입니다. 어른은 텍스트를 사용합니다. 텍스트를 가지고 지각과 여러 감각을 훈련시킵니다."

옛 스승이 '어른'이라고 부른 사람들만이 르네상스와 종교개혁을 맛볼 수 있다. 자신의 삶에서 가정에서 마을에서 나라에서 변화의 불씨가 될 수 있다. "근원으로!"를 외치며 르네상스가 회복했던 천년의 독서는 단순한 원어 읽기가 아니라 근원으로 돌아가는 독서였다. 자신의 전 존재를 걸고 텍스트와 씨름하는 몸부림이었다. 그들은 텍스트를 사용할 줄 안다. 산해진미(山海珍味) 어른들의 음식을 즐길 수 있다. 텍스트를 통해 지성의 근육을 끊임없이 단련한다. 그 결과 어떻게 되는가? 어른이 된다.

"그런 훈련으로 마침내 옳고 그름을 분별하게 됩니다."

청문회 중계를 본다. 멀쩡하게 생긴 사람들이 거짓말을 해댄다. 그들의 프로필을 보면 박사는 기본이다. 그런데 어찌된 일인지 옳고 그름은 분별할 줄 모른다. 옛 스승이 말한 어른이 되지 못한 사람들이다.

문제는 독서다. 문제는 텍스트다. 우리는 계속 어떤 식으로든 책을 읽어왔다. 옛 스승이 묻는다. 우리는 어른인가, 젖먹이인가? 우리는 근원적 텍스트를 들고 씨름하는가, 남의 소화물만 우물거리고 있는가?

감사하게도 옛 스승은 분노로 끝내지 않았다. 고개 숙인 우리에게 부드럽고 힘있는 목소리로 말한다.

"우리 이제 기초를 벗어납시다. 어른이 됩시다."

우리를 꾸짖은 옛 스승이 구체적으로 누구인지는 약간 논쟁이 있지만, 그 편지만은 2000년이 지난 지금까지 선명하게 전해지고 있다. 신약성경에 '히브리서'라는 이름으로. 물론 여기서 '참되고 불변하는 텍스트'로 풀어쓴 것은 기독교 성경을 가리킨다. 그것이 어떤 책이냐도 중요하지만 더 중요한 것은 그 책을 직접 읽고 씨름하는지 묻는 것이다. 옛 스승은 진리의 책을 안다고 착각하는 사람들을 꾸짖고 있다. 그 텍스트에 직접 다가서지 않고 간접적으로 듣기만 하는 젖먹이들에게 거울을 들이대고 있다. 우리는 어떤가? 참되고 불변한다고 믿는 텍스트가 있는가? 그런데 왜 그 텍스트의 세계로 직접 뛰어들지 않는가? @

· 나에게 묻다 ·

1 · 어떤 분야의 근원적 텍스트(고전 또는 그 분야 필독서)를 들고 홀로 씨름하며 읽어본 적이 있는가? 어떤 것이었는가? 어땠는가? 그 책이 여러분 인생에 어떤 영향을 주었는가?

2 · 기회가 되면 꼭 읽고 싶은 근원적 텍스트가 있다면 무엇인가?[1] 세 권만 적어보자. 왜 그 책들을 읽고 싶은가? 읽고 싶었는데 지금까지 왜 읽지 못했는가?

1• '고전 읽는 구도자 마을 - 고구마'에 오면 다양한 추천도서 목록을 볼 수 있다. 이 책을 읽다가 나오는 자료와 정보도 찾아볼 수 있다. * http://gogooma.com

02

그 한 구절이 있는가?

텍스트와의 씨름을 시작부터 너무 무겁고 거대하게 받아들일 필요는 없다. 독서는 우주 전쟁이 아니다. 책 한 권을 완전히 이해하고 모든 것을 꿰뚫지 못하면 끝나지 않는 그런 전쟁이 아니다. 모든 장 모든 글자에서 전율이 일어나기를 기대하고 달려든다면 우리는 금방 지치고 주저앉게 된다.

독서의 무릉도원인 "책과 나의 하나됨"의 경지는 기계적으로 만들어낼 수 있는 것이 아니다. 하나됨의 시작은 언제나 만남이다. 사람도 사랑도 책도 마찬가지다. 책과 내가 만나는 것, 책의 행로와 나의 인생이 부딪히는 교차로가 시작이다. 그 지점에 역사의 르네상스, 인생의 르네상스가 있다.

르네상스가 언제 시작되었느냐는 질문을 따라가면 우리는 언제나 한 사람을 만나게 된다. 페트라르카(Francesco Petrarca), 이탈리아의 시인이다. 그는 여러 면에서 최초의 영예를 가진 사람이다. 그는 1336년 4월 26일에 프랑스에 있는 방투산(Mont Ventoux)에 올랐다. 특별한 목적이 있었던 것은 아니다. 그냥 산이 있어서 산에 갔다. 얼마나 높을지 무엇이 보일지 알고 싶었다. 해발 1920m나 되는 높은 산이었지만 어릴 때부터 멀리 보이던 이 산을 언젠가 꼭 오르리라 결심했었다. 드디어 그날이 왔다. 서양 역사에 기록된 최초의 등산이었다. 어딘가 가기 위해 무언가 얻기 위해서가 아니라 산 자체를 목적으로 삼는 등산가의 탄생이다.

쉽지 않은 길이었다. 산은 가파르고 황량했다. 하지만 상쾌한 공기 속에서 몸과 마음은 오히려 활력을 얻어갔다. 중간에 만난 늙은 목자는 산행을 만류했다. 자기도 젊을 때 올라가봤는데 고생만 되고 쓸데 없는 짓이라고 했다. 수십 년간 아무도 정상에 가지 않는다는 것이다. 페트라르카는 젊었다. 경고보다 도전을 선택했다.

몇 시간의 고생 끝에 도착한 정상은 말 그대로 장관이었다. 구름이 발 밑에 내려와 있었다. 눈 덮인 먼산들이 환히 보였고 멀리 고향 이탈리아까지 눈에 보이는 것 같은 착각이 들었다. 그리운 고향. 그리움이 그의 인생 여정을 떠올리게 만들었다. 갑자기 배낭에 가지고 온 책이 생각났다. 어거스틴(Augustinus)의 『고백록』이었다. 아무데나 펼치고 눈에 띄는 대로 소리내어 읽었다.

> "사람들은 이리저리 다니면서 높은 산봉우리, 몰아치는 바

다의 파도, 드넓게 흐르는 강물, 끝없이 펼쳐진 대양, 돌고도는 별들을 보면서 크게 감탄합니다. 그러나 자기 자신에 대해서는 아무 관심이 없습니다."

부끄러움이 밀려왔다. '가장 위대한 인간의 영혼을 두고, 인류의 스승들이 그렇게 강조했는데, 나는 어디를 보고 있었던 것인가!' 경치 감상은 이미 충분했다. 책을 덮었다. 그의 눈이 자기 자신을 향하기 시작했다. 하늘만 쳐다보던 인간의 눈이, 어두운 먹구름에 막혀 정작 하늘은 못 보던 인간의 눈이 인간 자신을 보기 시작했다. 다시 인문학이 시작되었다. 인문주의자가 태어났다. 그날 그곳에서 인생의 르네상스가 페트라르카에게 찾아왔다. 그리고 역사의 르네상스도 시작되었다. 책의 행로와 그의 인생이 만나던 교차로였다.

한 권이 아니라 한 구절이 시작이다. 그 교차로에 행복이 있고 혁명이 있다. 평화가 있고 폭풍이 있다.

역사는 오늘도 계속되고 있다. 읽는다. 만난다. 멈춘다. 음미한다. 르네상스가 열린다. 1941년 청년 윤동주에게도 그런 날이 찾아왔다. 어린 시절부터 『맹자』를 배우고 즐겨 읽었지만 1941년은 같은 책이 더욱 특별하게 다가왔다. 일제의 수탈은 극에 달했고 이름까지 강제로 바꿔야 하는 상황이었다. 타협하고 포기하지 않으면 아무것도 할 수 없는 상황 속에서 『맹자』의 진심장(盡心章)이 찾아왔다. 특별히 군자의 세 가지 즐거움 중에서 두 번째 앙불괴어천(仰不愧於天)이라는 구절이 그의 인생과 교차했다. 어떤 순간이 와도 부끄럽지 않게(不

愧) 살아야지, 사람들이 어찌하든 하늘을 보며(仰於天) 살아야지, 다짐했다. 그리고 그 마음을 담아 11월 어느 날 시를 써내려갔다.

> "죽는 날까지 하늘을 우러러
> 한 점 부끄럼이 없기를,
> 잎새에 이는 바람에도
> 나는 괴로워했다……"

그 한 구절이 있는가? 이제 우리 차례다. 나를 찾아온 그 한 구절을 만나는 것, 그것이 독서의 시작이요 끝이다. @

· 나에게 묻다 ·

1 · 가슴 깊이 간직하고 있는 나의 "그 한 구절'은 무엇인가? 언제 어디서 만난 구절인가? 삶에 어떤 영향을 주었는가?

2 · 윤동주의 '팔복(八福)'이라는 시를 찾아서 읽어보자. 읽고 또 읽어보자. 천천히 음미해보자. 하루 종일 품어보자. '슬퍼하는 자'는 어떤 사람인가?

03

지저분한 책이 말해주는 것

르네상스가 없는 세 번째 이유는 책이 너무 깨끗하기 때문이다. 평평한 밭은 방치한 밭이다. 곡식이 자랄 수 없다. 파내고 일군 밭에서만 열매를 거둘 수 있다. 깨끗한 책은 책과 나 사이에 사랑이 없었다는 증거다. 치열함도 뜨거움도 없었다. 무슨 선한 것이 나올 수 있겠는가?

미국 역사상 최고의 지성으로 불리는 조너선 에드워즈(Jonathan Edwards)는 책을 가장 지저분하게 만든 사람으로도 기록될 수 있을 것이다. 그가 가장 지저분하게 만든 책은 성경책이었다. 그는 대단히 폭넓고 깊이 있는 독서를 했던 사람이지만 그 중에서 성경은 더 특별하게 읽었다. 예일대학교 도서관에 남아 있는 그의 성경을 보면 그가 얼마나 뜨겁게 독서한 사람인지 알 수 있다. 1730년부터 사용하기 시작한 이 성경은 어찌보면 아주 불경한 방식으로 만들어졌다. 우선 성경을 낱장으로 찢었다. 그렇다! 말 그대로 책을 찢었다. 그리고 성경 낱장 사이 사이에 커다란 백지를 일일이 끼워 넣었다. 그리고 다시 가죽으로 제본을 했다. 900장의 간지가 들어간 새로운 책이 만들어진 것이다. 에드워즈는 이 특별한 책을 "여백 성경(Blank Bible)"이라고 불렀다.

그는 이 성경을 보고 또 보면서 모든 배움을 여기에 엮어 넣었다. 백지에 깨알같이 연구 기록을 적었다. 묵상하고 주석하고 용어를 정리했다. 관련해서 읽은 다른 책들에 대한 이야기도 넣었다. 이렇게 모두 5500개가 넘는 항목이 만들어졌다. 심지어 자신이 저술한 다른 책과 자료들을 연결하는 참조 표시까지 넣었다. 그의 배움, 그의 사상이 한 곳에 집약된 것이다. 독서노트이자 인생노트였다.

연인과 사랑했던 증거는 편지로 남는다. 책과 사랑했던 증거는 메모와 노트로 남는다. 가장 열렬히 사랑했던 증거는 책 자체에 남는다. 밑줄이 있고 메모가 빼곡하다. 지울 수 없는 흔적이다. 좀 더 사색적인 사랑은 독서노트로 남는다. 책에 하는 표시와 메모는 뜨겁지만 체계적이지 않다. 노트는 체계적이지만 책과 떨어져 있다. 둘 다 필요하다. 책의 메모와 독서 노트를 분리하기 싫었던 조너선 에드워즈는 여백 성경이라는 파격적인 사랑을 선택했다.

책을 소중히 여기는 것과 하얗게 내버려두는 것은 전혀 다른 문제다. 스승처럼 연인처럼 책을 마주하는 마음은 칭찬받을 일이다. 그 마음을 가지고 더 깊이 들어가서 책에 내 흔적을 더해야 한다. 책 구

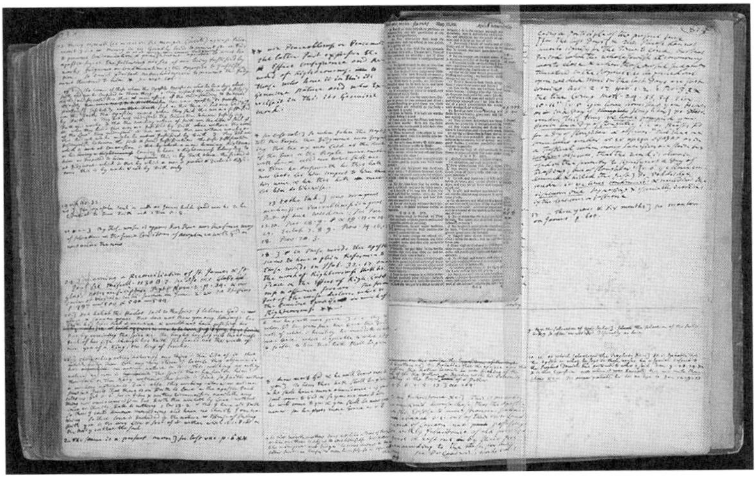

| 자료 1 | 조너선 에드워즈의 '여백 성경'

하기가 어렵고 필기구가 다양하지 못했던 옛 시절에도 스승들은 옮겨쓰기와 독서 노트를 통해 열렬하게 책을 사랑했다. 책 자체도 그냥 두지 않았다. 예를 들어 조선의 개혁군주 정조는 좋은 문장이 나오면 붉은 먹으로 점을 찍어놓았다.

표시하라. 메모하라. 노트하라. 스승들의 모범이다. 읽는 행위는 능동적인 생각의 행위다. 능동적으로 적극적으로 읽을 때 책은 생명을 얻는다. 살아나 우리와 대화를 시작한다. 묻고 답한다. 대화를 멈추면 책은 다시 죽는다. 우리의 지성도 감성도 죽는다. 책을 읽으며 펜을 들고 있다면 우리는 신비의 문을 여는 마법의 지팡이를 들고 있는 것이다. @

· 나에게 묻다 ·

1 · 지금까지 읽은 책 중에서 가장 많은 표시와 메모를 했던 책은 무엇인가? 가장 열심히 독서노트를 작성했던 책은 무엇인가?

2 · 기회가 된다면 조너선 에드워즈의 '여백 성경'처럼 만들고 싶은 책이 있는가? 무엇을 어떻게 만들고 싶은가?

04

고독한 독서의 종말

르네상스가 없는 마지막 이유는 혼자 읽기 때문이다. 공자(孔子)를 배우겠다는 사람들이 많다. 지난 2500년 동안 그랬다. 특히 공부와 독서에 대해 알고 싶어서 공자 주위를 맴돈다. 하지만 많은 사람들이 핵심을 보지 못한다. 공자는 고독한 연구실의 천재나 독야청청(獨也青青) 투사가 아니었다. 공자는 사실 단수가 아니라 복수였다. 공자는 제자들과 함께 하는 팀이었다. 주유천하(周遊天下)를 했던 것은 공자가 아니라 공자팀이었다. 배우는 방식만 그랬던 것이 아니다. 오늘날 전해지는 『논어』를 보자. 이유를 뭐라 하든 공자와 제자들의 생각을 정확히 구분하는 것은 불가능하다. 배움도 사상도 하나로 뭉쳐 있는 팀이다.

그들은 공동체였다. 무엇보다 책 읽는 공동체였다. 독서는 고독한

깨달음이 아니었다. 그들은 함께 읽고 함께 울었다. 해석하며 부딪히고 살면서 부딪혔다. 그렇게 배운 것들로 세상을 밝히려 했다. 오늘날 학교가 불행한 것은 함께 하는 공부를 잃었기 때문이다. 스승은 사라지고 강사만 남았다. 벗은 사라지고 경쟁자만 남았다.

공자 공동체의 필독서 중 하나가 『시경(詩經)』이었다. 공자는 늘 이 책을 강조했다. 시를 통해 배움이 불타오르고 사람들과 소통하는 힘이 생긴다고 믿었다. 어느 날 제자 자공(子貢)이 스승에게 물었다.

"가난해도 알랑대지 않고 넉넉해도 으스대지 않는 사람이면 괜찮지 않을까요?"

공자는 그 정도 수준에 머물면 안 된다고 충고했다.

"그것도 나쁘진 않다. 하지만 가난해도 즐거워하고 넉넉해도 예를 좋아하는 것만은 못하다."

자공은 스승의 충고를 들으며 이전에 읽은 필독서를 떠올렸다.

"『시경』에서 인격을 갈고 닦는다는 것이 바로 이런 뜻이었군요!"

제자가 책의 심연(深淵)에 더 가까워졌다. 스승은 최고의 칭찬을 아끼지 않았다.

"자공아! 이제 너와 『시경』을 토론해도 되겠구나. 지나간 것을 알려주니 올 것을 알아채는 구나."

함께다. 함께 읽고 부딪히고 깨닫고 토론한다. 혼자가 아니다. 책을 둘러싸고 스승이 있고 벗이 있고 삶이 있다. 그들은 같이 먹고 같이 굶는 밥상 공동체였다. 고독한 독서가 아니었다. 어디 공자의 공동체뿐인가? 예수의 공동체, 소크라테스의 공동체도 마찬가지였다.

독서 공동체요, 밥상 공동체였다. 공동체로 읽으면 머리로만 읽는 것이 불가능하다. 삶으로 읽게 되고 변화로 이어지게 된다.

> "군자는 글로써 친구를 만나고 친구를 통해 사람다워진다(君子以文會友 以友輔仁)."

공자팀에서 배운 증자(曾子)의 말이다. 군자의 길은 책에서 시작된다. 글(책, 학문)-친구-사람다움(仁)으로 이어지는 길이다. 혼자서 군자가 될 순 없다. 혼자서 사람다움에 이를 수 없다. 그런데도 오늘날 학교는 혼자서 하라고 한다. 애초부터 군자와 사람다움 따위에는 관심도 없다. 대신 이렇게 비틀어서 주입하고 강요한다.

> "글로써 경쟁하고 경쟁을 통해 성공을 이룬다."

독서까지 그렇게 타락했다. 어디에도 공동체는 없다. 글-경쟁-성공은 신기루다. 읽고 공부할수록 외로워지는 절망의 길이다. 독서실로 전락한 도서관에서는 꽃이 피어날 수 없다.

사람다운 사람이 되는 길은 벗과 함께 공부하는 길뿐이다. 공자 말대로, 우뚝서고 싶은 사람은 남을 먼저 세워주고 통달하고 싶은 사람은 남을 먼저 통달하게 해야 한다(己欲立而立人 己欲達而達人). 함께 서고 함께 가야 사람다운 사람들의 세상이 된다. 고독과 사색은 꼭 필요하다. 배움의 과정에서 중요한 이정표다. 하지만 고독밖

에 없는 고립된 독서로는 성장할 수 없다. 아니, 살 수도 없다. @

· 나에게 묻다 ·

1 · 배우고 읽는 것을 진실하게 나누며 고민하는 친구나 모임이 있는가? 만약 없다면 누구와 어떤 식으로 해보고 싶은가? 그런 꿈이 있다면 왜 망설이는가? 독서 모임을 시작하자.

2 · 우리 가족이 독서 공동체가 될 수는 없을까?[2]

2• 가족 독서 모임이 가장 이상적이다. 가장 진실하게 마음을 열고 나눌 수 있다. 시간과 장소에 얽매이지 않아도 된다. 그러나 불행하게도 산업혁명 이후 가족이 약화되면서 가족 독서의 전통이 사라졌다 가족 독서의 회복은 단순한 독서 장려 차원이 아니다. 현대 사회가 앓고 있는 수많은 문제의 근원을 치료하는 열쇠다. 관심이 있다면 필자가 인도하는 '고전 읽는 가족' 홈페이지를 참고하기 바란다. 가족 독서를 회복하려는 작은 시도다. http://ClassicFamily.net

지혜의 숲을 향하여

"인생길 한가운데 / 올바른 길을 잃고 / 어두운 숲에 있었네"

– 단테

우리는 길을 잃었다. 인터넷에서 지식을 잃었고 도서관에서 지혜를 잃었다. 스승들은 그 모든 상실의 근원을 알려주었다. 원전 텍스트의 상실, 가슴에 품는 한 구절의 상실, 치열한 씨름의 상실, 함께 읽는 친구의 상실이다. 값싼 독서가 우리를 버려놓았다. 우리에게서 르네상스를 빼앗아갔다.

상실된 것들을 알았으니 이제 다시 찾을 차례다. 하지만 잃어버린 것들을 아무렇게나 줍는다고 부활이 일어나는 것은 아니다. 회복도 비상(飛上)도 순서가 있다. 옛 스승들을 찬란하게 만들었던 그 길들을 순서대로 하나씩 따라가야 한다.

보물은 숲에 있다. 백화점에 진열되어 있지 않다. 그렇게 널려 있다면 어디 보물이겠는가? 지혜는 언제나 숲에 있다. 숲은 두 얼굴을 가졌다. 혼돈과 신비가 공존한다. 누구는 길을 잃고 누구는 지혜를 얻는다. 정신차려보니 길을 잃었다는 그 자리가 지혜를 얻는 출발점이다. 혼돈의 숲이 지혜의 숲으로 이어진다.

사람들은 독서를 말할 때 늘 방법론만 생각한다. 더 좋은 방법, 더 좋은 도구, 더 최신의 이론에서 답을 찾으려 한다. 방법에 집착한다. 효과가 없으면 방법을 탓하고 새로운 방법을 찾는다. 방법 중독이다. 방법은 물론 중요하다. 하지만 지혜로운 독서의 길에서 하나의 요소일 뿐이다. 순서를 보면 오히려 나중에 필요한 요소다.

책을 통해 영원한 지혜와 기쁨을 얻으려면 세 가지가 필요하다. 좋은 마음, 좋은 책, 좋은 방법이다. 세 가지 요소이며 3단계 순서다. 다시 말해서 지혜의 숲에 가려면 우리는 세 가지 길을 차례로 따라가야 한다.

첫째, 마음을 준비하는 길이다. 천년의 독서는 책보다 마음을 먼저 준비한다. 지식과 사람을 만나기 전에 항상 자신에게 질문한다. 마음 훈련의 단계다. 늘 갈고 닦는 절차탁마(切磋琢磨)의 자세가 필요하다.

둘째, 책을 준비하는 길이다. 천년의 독서는 곧바로 책에 뛰어들지 않는다. 먼저 거리를 두고 책을 살핀다. 인생을 던질 책인지 묻는다. 예비 독서의 단계다. 한눈에 보는 주마간산(走馬看山)의 자세가 필요하다.

셋째, 책의 세계로 뛰어드는 길이다. 천년의 독서는 책과 나를 따로 두지 않는다. 뛰어들고 만나고 사랑한다. 옛 스승들의 지혜가 담긴 삼중 독서의 단계다. 지혜롭게 탐독하는 위편삼절(韋編三絶)의 자세가 필요하다.

이제 잃었던 지혜를 다시 찾는 여정을 시작한다. @

2

마음을
인도하는
세 가지 등불

서점에서 책 읽는 방법에 대한 이야기는 쉽게 찾을 수 있다. 하지만 책 읽는 마음에 대한 이야기는 보기 어렵다. 준비되지 않은 밭에 씨앗을 뿌려봐야 무슨 소용이 있겠는가? 멋진 자세와 방법으로 씨앗을 뿌린다고 싹을 기대할 수는 없다. 책을 열기 전에 마음을 열어야 한다. 먼저 마음 훈련의 길을 지나야 한다.

준비되지 않은 영혼이 지혜에 도달할 가능성은 없다. 지혜는 커녕 지식에도 이르지 못한다. 정보와 자료 더미 사이에서 헐떡이다 길을 잃는다. 저 숲에 백만 가지 보물이 있어도 아무 의미가 없다. 도서관 한복판에 집을 짓고 살아도 아무것도 못 누리는 인생이 될 수 있다.

스승들은 세 가지로 마음을 준비시킨다. 사람과 지식의 숲을 향해 갈 때 우리를 인도하는 등불 같은 질문이다. 절차탁마의 자세로 갈고 닦아야 할 길이다.

切磋琢磨 절차탁마

옥석(玉石)을 자르고 갈고 쪼고 닦아서 빛낸다.

학문과 인격을 부지런히 갈고 닦는다.

01

마음을 다하고 있는가?

증삼(曾參)은 공자 공동체에서 별로 눈에 띄지 않는 제자였다. 공자를 따르던 무리가 3000명이었고 70명 정도가 별도로 배우던 제자였다. 증삼은 그 70명에 들기는 했으나 돋보이는 존재가 아니었다. 뒤늦게 제자가 된데다 나이도 한참 어렸다. 그러면 배움에 뛰어나거나 행동이라도 민첩해야 할텐데 정반대였다. 오죽하면 스승인 공자조차 굼뜬 친구라고 평했을까? 그는 좋게 말하면 우직했고 나쁘게 말하면 둔하고 단순하고 요령없는 사람이었다. 그러니 안연(顔淵)이나 자로(子路) 같은 선배 틈에서 눈에 띌 리가 없었다. 『논어』에 보면 공자와 자주 대면한 것 같지도 않다.

그런데 놀랍게도 공자의 뒤를 이어 후대에 가장 큰 영향을 끼친 제자는 증삼이었다. 그는 『논어』에서도 그냥 이름으로 불리지 않고,

선생을 뜻하는 '자(子)'가 붙어 증자(曾子)로 불린다. 증삼의 제자들이 『논어』 편집을 주도하며 증삼을 우상화시켰다는 비판도 있지만, 어떤 식이든 증삼의 영향력이 컸던 것은 사실이다.

그는 여러 면에서 달랐다. 그는 책을 남겼다. 선배들은 당대에 이름을 떨쳤으나 생(生)이 다하자 명성도 저물었다. 몇몇 제자들도 책을 지었으나 오직 증삼의 책들만 전해진다. 『효경(孝經)』이 대표적이다.

그는 효에 큰 관심을 쏟았다. 넓은 세상과 많은 사람을 향하기 보다 부모의 뜻을 따르고 지키는 것이 모든 것의 근원이라고 믿었다. 그는 실천에 있어서도 우직했다. 세상을 떠나게 되었을 때 그는 후회하기 보다 안도했다. 부모가 물려준 신체를 손상시킬까봐 평생 노심초사했는데 이제야 비로소 맘놓고 쉴 수 있게 되었기 때문이다.

그는 부모의 삶뿐 아니라 부모의 죽음, 장례 그리고 그 뜻이 이어지는 남은 자들의 삶에까지 관심을 쏟았다. 그의 눈은 늘 인간의 내면을 향해 있었다. 많은 선배와 동료가 세상과 사람들을 볼 때 그는 마음을 들여다보고 있었다.

『논어』 서두에서 그는 매일 자기를 성찰한다고 했다(吾日三省吾身). 첫째, 사람들을 위해 일하면서 마음을 다했는가(爲人謀而不忠乎)? 둘째, 친구들에게 한결같았는가(與朋友交而不信乎)? 셋째, 배운 것을 내 것으로 만들었는가? 제대로 알고 난 후에 전해주었는가? 알지도 못하면서 떠벌린 것은 아닌가(傳不習乎)?[3] 인생의 기본 자세요 배움의 기본 자세다. 독서의 기본 자세다. 이 사람에, 이 일에, 이 책에, 이 순간에 마음을 다하고 있는가?(忠) 들쑥날쑥하지 않고 한결 같은가?(信) 제대로 익히며 실천하고 있는가?(習) 훗날 주자(朱子)는 이 가르침을 해석하면서 마음을 다함과 한결같음이 배우고 익히는 근본 자세라 했다. 이러한 자기 성찰은 효의 실천으로 이어지고 또한 책의 저술과 전파와 영향력으로 이어졌다. 우직함이 명민함을 넘어선 것이다.

증삼을 비판하는 사람들이 있다. 그가 공자의 가르침을 '무조건 충성' 버전으로 좁혀놨다고 한다. 체제순응적이라고 한다. 일리있는 말이다. 위대한 스승은 제자들 시대에 조각나기 마련이다. 조각남은 왜곡됨을 부른다. 하지만 하나의 조각에 그 시대가 반응했던 것은 다 필요가 있어서였다. 조각의 전체되지 못함을 비판할 수는 있으나, 모든 잘못을 그 조각 탓으로 돌리는 것은 어리석다. 훗날 그 조각이 비판받는 것은 잊혀진 다른 조각이 필요한 시대가 되었기 때문이다. 통합하는 스승이 나오기 전까지 진자운동(振子運動)은 계속된다. 우리가 더 넓게 보면 되는 일이다.

증삼은 내면을 선택했다. 마음을 훈련했다. 수많은 사람들이 그 뒤를 따라갔다. 정조도 따라갔다. 그는 증삼의 가르침을 생각하며 자신의 일기를 『일성록(日省錄)』이라고 불렀다.

책을 읽음에 있어, 지식을 접함에 있어, 사람을 대함에 있어 우리

3• 傳不習乎(전불습호): 두 가지 해석이 가능하다. (1) 전해들은(배운) 것을 익히지 못했는가? (2) 익히지 못한 것을 전했는가? 강조점은 조금 다르지만 "익히지 못한 것"(不習)에 대한 성찰은 동일하다.

에게 항상 필요한 첫 번째 훈련은 마음 훈련이다. 태도 훈련이다. 지식이 제일되는 세상이라지만 정말 중요한 것은 지식이 아니라 태도다. 지식이 틀리면 다시 배우면 되지만, 태도가 틀리면 아무것도 배울 수 없다. 틀린 태도에 오만한 지식은 재앙이다.

우리도 반성은 한다. 얼마나 유명해졌는가(댓글이 얼마나 달렸는가)?, 얼마나 벌었는가?, 얼마나 높아졌는가? 따위다. 내면은 없고 회칠한 무덤만 있는 욕망이다. 마음을 다하고 한결같이 다하고 또다시 훈련하고 실천하는, 증삼의 자기성찰과 얼마나 다른가? 스승 공자의 근심과는 또 얼마나 다른가?

> "인격이 나아지지 않는 것, 배워도 익숙해지지 않는 것, 옳은 것을 들어도 행동이 없는 것, 잘못을 반복하는 것, 이것이 내 근심거리다."

스승들은 같은 마음을 품었다. 이 마음을 이율곡은 독서에 담았다.

> "독서하는 사람은 반드시 단정하게 손을 모으고 바르게 앉아서 공손하게 책을 마주하며 마음을 다하고 뜻을 다해야 한다. 자세히 생각하고 몰두하여 책의 뜻을 깊이 이해하고 구절마다 반드시 실천할 방법을 찾아야 한다. 만약 입으로만 읽고 마음으로 체득하지 않고 몸으로 실천하지 않는다면 책 따로 나 따로이니 무엇이 유익하겠는가?"

책을 만나는 날부터 책을 덮고 다시 하루를 맞이하는 아침까지 이 마음을 품어야 한다. 그들처럼 고민하고 그들처럼 질문해야 한다. 아침 저녁 거울삼고, 중간중간 책갈피 삼아 언제나 자신을 돌아보아야 한다. @

· 성찰하는 마음 훈련 ·

1 · 나는 하루를 어떤 식으로 돌아보는가? 특별한 질문이나 방법이 있는가?

2 · 최근에 중요한 책을 읽었던 시간을 돌아보며 다음 질문을 던져보자. (1)마음을 다했는가? (2)한결같았는가?(예를 들면, 시간과 장소를 정해서 꾸준하게 독서했는가?) (3)익히고 실천했는가?

3 · 오늘날이라면 스승들이 이렇게 꾸짖으실 것이 분명하다.

"분주함을 핑계로 책에 마음 다할 시간과 장소를 따로 떼어놓지 않고, 무시로 끼어드는 휴대폰과 컴퓨터를 밝혀두고, 책을 펴기 전에 이메일과 페이스북을 열어서 생각이 산란하다면, 이는 쫓기는 것이요 또한 중독된 것이니 이러고도 책에서 뭔가 얻기를 구하니 천하에 도적이 따로 없구나."

독서를 방해하는 잘못된 습관이나 태도는 없는가?

02

왜 그렇게 되었는가?

질문하지 않으면 아무것도 달라지지 않는다. 많은 질문이 필요한 것이 아니다. "왜?"라고 물으면 된다. 200년 전 한 사람도 이 질문으로 세상을 바꾸었다. 수많은 생명을 죽음에서 건졌다.

1853년 유럽에서 큰 전쟁이 벌어졌다. 남쪽으로 내려오는 러시아와 이를 막으려는 오스만, 영국, 프랑스 등의 연합군이 충돌했다. 전쟁의 중심지였던 크림 반도의 이름을 따서 크림 전쟁이라고 불렀다. 전쟁은 군인들만의 일이 아니다. 원하든 원하지 않든 모두가 전쟁의 피바람에 휩쓸리게 된다. 한 여성이 영국군의 참혹한 전쟁터에 뛰어들었다. 그녀의 이름은 플로렌스 나이팅게일(Florence Nightingale). 흔히 '백의의 천사'로 불리는 사람이다. 하지만 사람들의 지레짐작과 달리 그녀는 환자 곁에서 치료에만 매달린 사람이 아니었다. 오히려 병원을 총괄하는 행정 역할이 더 컸다. 사실 나이팅게일은 뭐라고 단정짓기 어려운 사람이었다. 대단한 통계학자이기도 했고 교육자이기도 했다. 이 모든 역량을 한 곳에 모이게 만든 질문이 있었다.

> "왜 전투에서 죽는 군인보다 병원에서 죽는 군인이 더 많을까?"

전쟁이 죽음을 부르는 것은 슬프지만 당연하다. 문제는 당연하지 않을 죽음까지 그런 죽음 속에 묻힌다는 것이다. 그런 뒤엉킨 죽음들을 풀어내려면 질문이 필요했다.

질문에는 여러 종류가 있다. 단순히 상황을 묻는 질문이 있다. 무슨 이야기를 하는지, 그 이야기를 통해서 무슨 주장을 하는지 물어보는 것이다. 하지만 상황 파악만으로는 아무것도 달라지지 않는다. 정말 그런 설명이 맞는지 물어야 한다. 그래야 옳고 그름을 판단하고 변화를 일으킬 수 있다. 이때 필요한 결정적 질문이 바로 "왜"라는 질문이다.

아무도 질문하지 않을 때 나이팅게일은 물었다. 왜 병원에서 죽는 사람이 더 많을까? 전염병 때문인가? 왜 전염병이 생길까? 병원이 더럽기 때문인가? 당시는 세균이나 위생에 무지한 시대였다. 하지만 그녀는 직관적으로 병원 위생과 간호 시스템이 문제인 것을 알아차렸다. 즉시 군당국에 병원 위생의 개선을 요청했다. 반응은 뻔했다. 전쟁에서 군인이 죽는 것은 당연하다. 그러므로 돈이 있으면 전쟁에 써야지 병원 위생 같은 데 쓰는 것은 어리석다.

질문을 품은 사람은 멈추지 않는다. 나이팅게일은 자신의 재량 범위에서 병원 위생을 하나씩 개선하면서 변화와 배움을 기록하기 시작했다. 환자들의 생사, 병원 상태 등을 통계적으로 분석했다. 치열한 현실이라는 책을 읽으며 독서노트를 정리했던 셈이다. 결국 나이팅게일이 있던 병원의 사망률은 6개월 만에 42%에서 2%로 낮아졌다. 얼마나 많은 생명이 목숨을 건진 것인가? 군당국은 그녀를 영국군 전체의 간호 책임자로 임명했다. 덕분에 더 많은 영국군이 구원을 받았다. 이 모든 질문과 대답을 담은 그녀의 노트는 훗날 800쪽이 넘는 책이 되었다. 그녀는 이를 토대로 간호 시스템의 체계를 만들었다. 역사를 바꿨다. 죽음을 생명으로 바꿨다.[4]

이 모든 일을 무엇으로 설명할 수 있는가? 인간을 향한 사랑과 "왜"라는 질문밖에 없다. 질문은 본질을 본다. 보이지 않는 것을 본다. 바꾼다. 나이팅게일의 전 생애는 사실상 "왜"라는 질문의 대답들이었다.

질문이 없다는 것은 생각하지 않는다는 뜻이다. 생각하지 않는다는 것은 읽어도 읽는 게 아니라는 뜻이다. 정약용이 1803년 유배지에서 자녀들에게 편지를 보냈다. 떨어져 있었지만 자녀들이 제대로 독서하지 않고 있음을 금방 알아챘다. 질문이 없었기 때문이다.

4• 나이팅게일의 놀라운 도전에 대해 더 알고 싶으면 다음을 참고하기 바란다. http://googooma.com/nightingale

"지금까지 편지를 써서 공부에 힘쓰라고 수없이 권했다. 그런데 경전(經傳)에 의문을 가진 적이 없고 예악(禮樂)에 대해서도 질문 하나 없구나. 역사책에 있을 논란도 물어본 적이 없다. 어찌된 일이냐? 왜 이리 내 말을 새겨듣지 않는 것이냐?"

질문하면 바보처럼 보일까봐 질문을 못하는 바보들이 있다. 공학자였던 찰스 스타인메츠(Charles Steinmetz)의 말처럼 "바보 같은 질문이란 없다. 질문을 멈추고 바보가 되는 사람이 있을 뿐이다."

질문을 품고 살자. 질문을 훈련하자. 무엇보다 '왜'를 훈련해야 한다. 지식을 만나 첫 번째로 던질 질문은 '무엇(What)'이다. 마지막 질문은 변화를 위한 '어떻게(How)'이다. 모든 배움의 끝에 반드시 '어떻게'가 있어야 한다. 그러나 무엇과 어떻게 사이에서 아무 일도 일어나지 않을 때가 많다. 두 세계 사이를 흔들고 불태우고 이어줄 질문이 필요하다. '왜(Why)'의 순간이다. 본질을 드러내고 보이지 않는 벽을 허문다. 부모의 세계를 흔드는 아이들의 질문엔 언제나 '왜'가 붙어 있다. 하늘은 왜 파랗죠? 물고기는 물에서 왜 안 죽죠? 오늘은 몇 번이고 '왜'에 대해서 물어보자. 익숙했던 것들이 흔들리기 시작할 것이다. @

· 질문하는 마음 훈련 ·

1 · '왜'라는 질문을 듣고 주위를 둘러보자. 다음 질문 중에서 한 가지를 골라서 대답해 보자.

왜 고전을 읽으려고 하는가? 왜 지금 이 일(직업)을 하고 있는가? 왜 학교(대학)에 가야 하는가? 왜 올바르게 살아야 하는가?

2 · 독서를 할 때도 '왜'의 돋보기를 들이대면 비밀의 문이 열린다. 최근에 읽었던 책을 하나 골라서 '왜'라는 질문을 해보자. 어떤 질문을 해볼 수 있는가? 대답은 무엇인가?

03

그의 세상은 어떤 곳인가?

서슬 퍼런 나치(Nazi)의 감시 속에서 26살 유대인 청년이 할 수 있는 일은 많지 않았다. 독일이 아니라 이웃 오스트리아였는데도 암울하기만 했다. 1934년 정권을 장악한 전체주의자들이 나치 독일과의 합병을 공공연히 획책하고 있었다. 미술사(美術史)로 박사학위까지 취득했지만 에른스트 곰브리치(Ernst Gombrich)는 일자리를 구하지 못했다. 나라 경제가 어려운데다 유대인이라는 굴레까지 겹쳐 길이 보이지 않았다. 나치를 피해 영국으로 떠나는 사람들이 늘어나고 있었다.

1935년 어느 날 이런 상황을 알고 있는 친구 하나가 그에게 번역 일을 주었다. 영어로 된 어린이 역사책을 독일어로 번역하는 일이었다. 하지만 곰브리치는 원서를 읽고 나서 실망이 컸다. 출판업자 친구에게 번역하지 말라고 충고했다. 그리고는 차라리 자신이 쓰는 편이 낫겠다고 말했다. 이 말을 들은 친구가 집필을 권유했다. 단 시리즈물로 기획된 것이라서 일정이 촉박하다는 압박과 함께였다. 6주 동안의 세계사 집필 프로젝트가 그렇게 시작되었다.

역사가의 작업이 시작되었다. 과거의 사건들을 나열하면 저절로 역사책이 되는 것이 아니다. 사실 방대한 사건들을 모두 나열하는 것은 애초부터 불가능하다. 선택해야 한다. 선택하려면 버릴 것과 남길 것을 판단할 기준이 필요하다. 선택만 했다고 끝이 아니다. 이야기가 되게 연결해야 한다. 뼈대가 필요하다. 이런 기준과 뼈대가 바로 사관(史觀), 역사가의 '관점'이다.

독서와 집필과 퇴고의 과정이 일사불란하게 이어졌다. 그는 인류에 큰 영향을 미치고 공통의 기억으로 남아 있는 사건들을 골라냈다. 그리고 한 역사가의 눈으로 세계 역사 이야기를 풀어놓기 시작했다. 집필은 약속된 시간에 끝났다. 젊음의 열정과 빈곤의 무게와 시간의 압박이 한 자리에서 만나자 놀라운 일이 벌어진 것이다. 『어린 독자를 위한 세계 역사 이야기(Eine kurze Weltgeschichte für junge Leser, 우리말 번역본 제목은 '곰브리치 세계사')』가 독일에서 출간되었다. 책은 등장하자마자 호평을 받으며 여러 나라말로 번역되었다. 청소년뿐 아니라 어른들이 읽어도 감동이 있었다. 이런 성공은 훗날 그 유명한 『서양미술사(The Story of Art)』를 쓰는 원동력이 되었다.

이 책을 모두가 좋아한 것은 아니었다. 나치에게는 불편한 책이었다. 유대인이 썼기 때문이 아니라 세계를 보는 곰브리치의 관점이 거슬렸다. 나치가 그리는 세계는 전쟁과 폭력의 세계였다. 위대한 아리안족의 부흥과 순수한 혈통의 보존을 위해서 싸우고 죽일 수밖에 없었다. 그것이 세계의 본질이고 역사여야 했다. 하지만 곰브리치의 세계는 너무 따뜻하고 평화로웠다. 역사는 왕과 장군들만의 잔치가 아니었고 평범한 사람들도 함께하는 식탁이었다.

> "그냥 동떨어진 어떤 이야기가 아니라 우리들의 이야기다. 우리가 세계사라고 부르는 이야기다."(Not just a story, but our story, the story that we call the history of the world.)

그는 착취당하는 농민, 터전을 잃은 원주민도 소외시키지 않았다. 나치는 곰브리치의 세계를 가만둘 수 없었다. 책을 금서(禁書)로 지정했다. 너무 폭력적이어서가 아니라 너무 평화로워서 금지시켰다. 그는 핍박당하는 유대인으로서 자신만의 방식으로 나치에 반기를 들었다. 나치가 세계를 보는 관점 대신 다른 관점을 제시했다. 관점의 저항. 평화주의자의 평화적인 시위였던 셈이다. 물론 다른 관점의 존재 자체를 용납하지 않는 나치는 폭력으로 대답했다.

모든 사람은 세계를 보는 나름의 관점을 가지고 있다. 열망하는 세계에 대한 꿈이든 부조리한 현실에 대한 비판이든 관점이 있다. 이것을 세계관(Worldview)이라고 한다. 이 말이 무거우면 가치관, 인생관이라고 불러도 좋다. 세계를 이해하고 믿고 살아가는 방식이다. 개념적인 용어(Weltanschauung)는 칸트(Immanuel Kant)가 처음 사용했지만 철학의 전유물은 아니다. 모든 이야기는 세계를 담고 있다.

모든 사람은 세계관을 가지고 있다. 책은 하나의 세계이며 우주다. 그렇지 않다면 금서(禁書)는 존재하지 않았을 것이다. 금서는 세계관 충돌의 다른 이름이다. 중요한 것은 관점이 있냐 없냐가 아니다. 어떤 관점을 가지고 있느냐이다. 엄밀한 의미에서 '객관적이고 중립적인' 관점은 존재하지 않는다. 중립과 객관을 강요하는 사람들은 사실상 침묵과 비겁을 강요하는 것뿐이다. 모두 관점을 버려야 할 것처럼 선동하는 그들에게 우리는 이렇게 물어야 한다.

"그렇다면 당신의 세계관은 무엇인가?"

관점 훈련은 비판이 우선이 아니다. 모두에게 관점이 있음을 인정하고 존중하는 것이 우선이다. 비판은 차후의 일이다. 세계관 이야기를 부담스러워하거나 어려워하는 사람들이 있다. 그런 방식으로 생각해 본적이 없는 것이다. 책과 만날 때 우리는 더 큰 그림으로 볼 수 있어야 한다. 저자가 그리는 "그의 세상"이 있다. 세계관이 있고 배경이 있고 방향이 있다. 단편적인 이야기에 급급하면 내용을 제대로 이해할 수 없고 즐길 수도 없다. 『논어』에서 '배움에 대한 강조'를 읽을 때 춘추전국시대라는 혼돈의 상황과, 배움을 통해 벽을 넘게 해주고 싶은 공자의 세계관을 읽지 못하면 뻔한 공부 타령이나 자기계발 수준으로 읽게 된다. 책과 저자의 세계를 알면 더 많이 더 멀리, 더 먼저 볼 수 있다. 세계관을 알면 저자가 왜 이렇게 말하는지 알 수 있기 때문이다. @

알고 보면 쉬운 이야기

세계관이란 말을 어렵게 생각할 필요 없다. 사람들이 〈어벤져스(The Avengers)〉 영화를 보고 '마블의 세계관'이라고 할 때 바로 그 의미다. 마블 매니아들은 마블이 창조한 세계가 어떤 곳인지 토론한다. 세계는 다중우주(Multiverse)라고 하면서 그 속에서 누가 가장 힘이 센지 이야기한다. 무엇이 문제의 근원인지, 해결의 열쇠는 무엇인지, 반전이 일어나게 만드는 가장 중요한 가치는 무엇인지 말한다. 정말이지 너무나 철학적이다. 우리 인생이 사실 다 그렇다.

곰브리치와 나치의 충돌을 통해서 세계관을 이루는 네 가지 요소를 알 수 있다. 이것을 뿌리로 해서 많은 생각이 꼬리를 물고 이어진다. 철학도 종교도 과학도 거기서 질문을 던진다. 인생도 역사도 그렇게 얽혀 있다.

1 · **세계는 어떤 곳인가?** – 어떻게 시작되어 어떻게 움직이고 있는가? 결국 어디로 가는가? 가장 중요한 가치는 무엇인가?

2 · **인간은 어떤 존재인가?** – 무엇을 원하는가? 선한가, 악한가? 운명의 노예인가, 개척자인가? 평등한가? 영혼은 있는가?

3 · **문제는 무엇인가?** – 어떤 문제와 갈등이 있는가? 왜 이런 지경이 되었는가? 누구 탓인가? 제도인가, 권력인가, 개인인가?

4 · **열쇠는 무엇인가?** – 무엇이 어떻게 달라져야 하는가? 해결책은 무엇인가?

이런 눈으로 살피면 나치의 세계관이 보인다.

세계 : 정글 같은 약육강식의 세계다. 위대한 사람들(아리안족)이 다스려야 발전한다.

인간 : 아리안족과 나머지로 구분할 수 있다. 인간은 공동체의 일부가 되었을 때 의미를 가진다. 나약하면 쓸모없다.

문제 : 유대인이나 장애인같이 열등하고 기생충 같은 존재들이 방해하고 오염시켜서 문제가 생긴다. 공산주의 같은 잘못된 사상의 공격도 문제가 된다.

열쇠 : 문제를 해결할 영웅이 필요하다. 아리안족의 영광을 회복하기 위해 전쟁이 필요하다. 반대파를 척결하고 열등하고 기생충 같은 존재를 멸절시켜야 한다.

모든 이야기는 세계를 품고 있다. 문학이든 사상(철학, 과학 등)이든 마찬가지다. 차이가 있다면 사상은 세상을 그렇게 본다는 것이고, 문학은 그런 세상을 만들었다는 것뿐이다.

책은 세계관의 충돌과 변화도 다룬다. 김동인의 〈감자〉에 이런 구절이 나온다. "복녀의 도덕관 내지 인생관은 그때부터 변하였다." 출구 없는 가난한 빈민굴의 세계가 최소한의 도덕은 붙들고 살던 복녀의 세계를 삼키는 순간에 나온 표현이다.

짧은 노래 한 편에도 세계의 충돌이 있다. 송창식의 〈왜 불러〉(1975년작)는 사랑과 이별을 경쾌하게 풀어낸 노래다. 그런데도 금지곡 딱지가 붙어 있었다. 〈바보들의 행진〉이라는 영화에서 주인공들이 경찰의 장발 단속을 피해 도망칠 때 이 노래가 나왔던 게 이유였다. "왜 불러 돌아서서 가는 사람을 왜 불러"라는 가사가 권력자들에게 거슬렸다. 공권력을 우습게 알고 공무집행방해를 하는 세계관이라는 생각에 딱지를 붙였다. 영화를 보면 쫓아가던 경찰관은 상관에게 경례를 하다 주인공들을 놓친다. '닥치고 충성'의 세계관이다. 주인공들은 걸인에게 돈을 주다가 시간을 지체한다. '함께 살자'의 세계관이다.

사족. 작가는 작품보다 크다. 작품 하나로 전체 세계관을 알기 어려운 때가 있다. 그때는 다른 작품을 더 보며 퍼즐을 맞춰야 한다. 예를 들어서 국가에 대한 플라톤의 생각을 전체적으로 알고 싶다면 『국가』와 함께 『법률』도 읽어야 한다.@

· 그의 세상과 관점을 이해하는 마음 훈련 ·

1 · 책이나 영화나 사람을 만났을 때 관점이나 가치관이 달라서 당황하거나 충돌한 적이 있는가? 언제 어떤 상황이었는가? 상황은 잘 해결되었는가? 그때로 돌아간다면 더 잘 해결할 수 있는 방법이 있는가?

2 · 읽었던 책을 하나 골라서 세계관을 생각해보자. 위에서 말한 세계관 분석 방법에 따라 그 책의 세계관을 (1)세계 (2)인간 (3)문제 (4)열쇠로 정리해보자. 선명한 대조를 위해서 위에 나오는 나치의 세계관과 비교해보자. 두 세계관은 어떤 점에서 충돌하고 어떤 점에서 비슷한가? (적절한 책이 생각나지 않는다면 부록에 나오는 〈발견한 물건〉이라는 짧은 소설을 읽고 정리해본다.)

마음의 등불 요약

지혜의 문을 여는 마음 훈련

천년의 독서는 책보다 마음을 먼저 준비한다. 등불 같은 질문을 품는다.

1 · 책을 대하는 자세: 마음을 다하고 있는가?

· 마음을 다하고 있는가?

· 한결같이 하고 있는가? (정해진 시간과 장소에서)

· 배운 것을 익히고 실천하고 있는가?

2 · 책에 품는 질문: 왜 그렇게 되었는가?

· 시작 질문: 그것은 무엇인가? (What)

· 가장 중요한 질문: 왜 그렇게 되었는가? (Why)

· 정리 질문: 어떻게 해야 하는가? (How)

3 · 이해하는 마음: 그의 세상은 어떤 곳인가?

· 작가가 그리는 세계는 어떤 곳인가?

· 거기서 인간은 어떤 존재인가?

· 문제는 무엇인가?

· 열쇠는 무엇인가?

간절하면 이미

"사람다워지는 그때가 까마득하더냐? 간절하면 이미 거기 와 있는 것을."

-공자

최고의 독서법, 최고의 공부법은 마법의 램프에 숨어 있는 지식이 아니다. 천부적인 지능도 아니다. 소크라테스는 참된 앎은 무지(無知)를 아는 것에서 시작한다고 했다. 공자는 무지의 경계를 인식하고 인정하는 것이 앎이라 했다. 가난한 마음, 간절한 마음이 열쇠다. 자신의 무지와 무력을 깨달은 마음이다. 겸손하고 절박하게 빈 손으로 나오는 것이다. 예수는 말했다.

"마음이 가난한 사람은 복이 있다. 하늘 나라가 그들 것이다."

하늘로 채워지려면 마음이 가난해야 한다. 그 마음과 인식이 없다면 항상 배우고 주렁주렁 학위를 목에 걸어도 진리에 이르지 못한다.

사실 우리가 마음을 다해 책을 읽고, 질문하며 읽고, 큰 그림을 보며 읽는다면 별다른 독서법은 필요없다. 그 마음과 그 길이 때에 맞게 다음 가르침을 줄 것이다. 때에 맞게 스승들이 찾아와 열어줄 것이다. 공자의 말처럼 스승들은 기다리고 있다.

"간절함이 없으면 열어주지 않고, 절박함이 없으면 터뜨려주지 않는다."

여기서 멈춰도 좋으나 한걸음 더 나아가기로 한다. 이 책은 좀 더 구체적으로 읽는 '방법'을 이야기하는 자리다. 스승들도 그러하셨다. 간절한 마음과 태도가 답이라하시면서도 또한 한걸음 한걸음 일러주셨다. 그렇게 미리 일러두면 훗날 가난한 마음의 시간이 왔을 때 오늘의 말들이 다시 들릴 것을 아셨으므로.

3

인생의 책을 찾아서

"많은 사람들이 너저분한 인생을 사는 이유는 너저분한 것을 읽기 때문이다. 허망한 것을 읽는 사람은 허망한 인생을 산다. 신성한 진실을 읽는 사람은 진실한 인생을 산다." –찰스 스펄전

"머리통에 주먹질을 해대는 책이 아니라면, 왜 읽는단 말인가?" –카프카

"옛사람들이 세상을 다스리고 구하는 이야기를 즐겨보아야 한다." –정약용

마음이 준비되었다면 이제 책을 준비해야 한다. 독서보다 앞서고 독서보다 중요한 일은 어떤 책을 읽을지 결정하는 일이다. 수많은 사람이 내 곁을 스쳐가도 주말 오후 노천 카페에서 가을 햇살을 함께 맞을 사람은 하나뿐이다. 이 사람을 만나기까지 어떤 길을 달려왔던가? 어떤 만남과 상처들이 우리를 이리 이끌었던가?

이 시대는 두 얼굴을 가졌다. 정보의 홍수 시대가 될 수도 있고 지식의 단비 시대가 될 수도 있다. 홍수는 모두를 죽이지만 단비는 생명을 자라게 한다. 훑어보고 생각하고 결정하는 일이 어느 때보다 중요한 시대다. 모든 정거장마다 내릴 필요는 없다. 빠르게 힐끗보며 지나가면 된다. 필요하면 기억했다가 다시 오면 된다. 주마간산(走馬看山)의 자세다. 거리를 두고 본다. 가까이 봐야 보이는 것도 있지만 멀리서 봐야 보이는 것도 있는 법이다. 책들을 탐색하며 인생의 책을 찾는 예비 독서의 길이다.

이번 단계부터 구경꾼은 소용없다. 스승들을 따라와야 한다. 그냥 고개만 끄떡이고 있으면 아무것도 배울 수 없다. 가라는 곳에 가고 쓰라는 것을 써야 한다. 이어지는 스승들의 지혜를 따라가면서 책 뒤에 나오는 〈실행록〉으로 직접 실천해보기 바란다.

走馬看山 주마간산

말 타고 달리면서 산천을 구경한다.

거리를 두고 빠르게 대강 보고 지나간다.

책의 무게를 달다

"만약 어떤 책이 여러분의 말투와 사고방식에 꼭 들어맞는다면 책을 읽어도 별로 성장하지 못할 것이다. 재미는 있겠지만 이해의 지평을 넓혀주지는 못할 것이다. 어려운 책이 이해의 지평을 넓혀준다. 갈퀴로 긁어모으기는 쉽지만 얻는 것은 낙엽뿐이다. 땅을 파기는 어렵지만 다이아몬드를 찾아낼 수 있을 것이다."

–존 파이퍼

보물을 찾으러 정글에 들어간 사람이 보물이 무엇인지 모른다면 어떻게 될까? 탐험은 미노타우로스를 만나는 미궁(迷宮)의 저주가 될 것이다. 반짝이는 것마다 멈춰서서 닥치는 대로 가방에 쑤셔넣고 무거워서 쩔쩔맬 것이다. 모든 곳을 기웃거리다가 아무 것도 얻지 못하고 괴물에게 잡아먹힐 것이다. 같은 세상을 살아도 누구는 지식의 단비로 과수원을 일구고 누구는 정보의 홍수로 난민이 되는 것은 전적으로 지식의 보물을 구분할 줄 아느냐에 달려 있다. 스마트폰을 들고 있다고 스마트해지는 것이 아니다.

책의 무게를 달아야 한다. 인생의 스승 같은 책, 연인 같은 책을 찾아야 한다. 관계를 구분해야 한다. 그래야 각각에 맞게 다르게 만나고 다르게 꽃피울 수 있다.

좋은 책을 보는 눈이 필요하다

먼저, 보물을 알아봐야 한다. 좋은 책을 보는 눈이 필요하다. 좋은 책의 정의는 생각보다 쉽다. 꼭 필요한 책, 진짜 즐길 책이다. 물론 그런 인연은 하루아침에 찾아오지 않는다. 부지런히 읽으며 지경을 넓혀야 만나게 된다. 하지만 지금이든 나중이든 보물을 찾으려면 두 가지 도구를 갈고 닦아야 한다. 첫째는 관심 주제와 집중 분야가 분명해야 한다. 그렇지 않으면 고르는 기준이 없고 이어지는 발전도 없어서 지식을 쌓을 수 없다. 정보의 홍수에 휩쓸려 다니게 된다. 둘째는 고르는 안목을 훈련해야 한다. 처음부터 척척 고를 수는 없기 때문에 선배와 스승들이 추천한 책을 읽으면서 시작한다. 하지만 거기 머물면 안 된다. 추천한 책만 모으는 데 만족하지 말고 추천한 이유와 기준을 아는 데까지 나아가야 한다.

인문고전 독서가 진짜 교육이라 생각하고 "서양세계의 위대한 책들(Great Books of the Western World)"[5]을 선정해서 큰 반향을 불러일으켰던 모티머 애들러는 위대한 책들의 선정 기준을 이렇게 말했다.[6]

① 시대를 초월한 베스트셀러
② 지식을 뽐내는 책이 아니라 모두에게 열린 책
③ 오늘날의 현실에도 들어맞는 책
④ 잘 쓰여지고 잘 읽히는 책
⑤ 교훈과 깨우침을 주는 책
⑥ 인생의 영원한 문제들을 다룬 책

고전이란 결국 언제나 살아 있는 책이라는 뜻이다.

사람들은 추천도서 목록에는 열을 올리면서 정작 무슨 기준으로 목록이 만들어졌는지는 별로 관심이 없다. 선정자들의 외적인 명성에 고개를 숙일

5• "서양세계의 위대한 책들" 도서 목록은 다음을 참고하기 바란다. http://gogooma.com/list

6• 물론 이것도 고전을 고르는 '하나의' 기준일 뿐이다. 책을 고르는 완전무결한 절대 기준은 없다. 관련도, 인기도, 중요도, 난이도, 역사성, 시급성 등 다양한 변수들이 존재한다.. 중요한 것은 절대적인 기준이 아니라 발전해가는 나의 안목이다.

뿐이다. 정말 중요한 것은 목록이 아니라 책을 고르는 기준과 안목을 배우는 것이다. 나만의 깊은 안목을 발전시켜가는 것이다. 추천도서의 세계에 들어서면 금방 깨닫게 된다. 사방에 추천 딱지가 붙어 있다. 추천 중의 추천, 좋은 책 중의 진짜 좋은 책, 이런 꼬리물기를 머지 않아 보게 된다. 사실 따지고 보면 서점에 나온 것 자체가 이미 출판사가 골라서 추천하는 의미 아닌가? 그렇게 본다면 추천 목록은 그럴듯한 미로 목록일 뿐이다.

책이 다르면 읽는 법도 다르다

좋은 책을 고를 수 있게 되었다면 이제 책에 따라 다르게 독서하는 방법을 알아야 한다. 데카르트(René Descartes)와 함께 근대 철학의 문을 열었던 프랜시스 베이컨(Francis Bacon)은 책을 이렇게 구분했다.

> "어떤 책들은 맛만 보면 되고, 어떤 책들은 삼켜야 하며, 몇몇 책은 씹어서 소화시켜야 한다. 다시 말해서 어떤 책들은 부분적으로 읽으면 되고, 다른 책들은 다 읽되 매달릴 필요는 없으며, 몇몇 책은 뜨겁게 집중해서 완전히 읽어내야 한다."
>
> "어떤 책은 대리인(비서)이 읽게 하고 발췌한 것만 읽어도 상관없다. 그러나 이것은 어디까지나 별 관련 없는 책이나 별 볼일 없는 책에 한해서이다. 필요한 것만 뽑아낸 책들은 결국 수증기처럼 날아가버린다. 잠깐 있다 사라진다."

베이컨에 따르면 책에 따라 독서법도 달라야 한다.

| 내가 읽을 책 |

① 맛만 볼 책 : 부분적으로 읽는다. – 발췌독

② 삼킬 책 : 전체를 한 번 읽는다. 매달리지는 않는다. – 속독, 통독, 다

독, 간독(看讀)

③ 씹어서 소화시킬 책 : 뜨겁게 집중해서 완전히 읽어낸다.
–정독, 숙독(熟讀)

| 대신 읽게 할 책 |

④ 대신 정리하고 발췌시킬 책[7]

⑤ (무시하고 넘어갈 책)

'맛만 볼 책'은 속으로 들어가지 않고 표지, 목차, 서문을 중심으로 기본 구성과 주제만 알아본다. '삼킬 책'은 어떤 이야기를 하는지 전체를 통독하고 알아둘 필요가 있는 책이다. '씹어서 소화시킬 책'은 스승 같은 책, 연인 같은 책을 말한다. 천천히 뜨겁게 완전히 읽을 책이다.

'대신 읽게 할 책'은 책이 속한 분야의 동향과 줄거리 정도만 알아두면 되는 책이다. 따라서 내 시간이 들어가는 것을 최소화시켜야 한다. 독서와 정리를 위임하고 결과만 보면 된다. 정말 중요한 것은 목록에 포함되지 않고 걸러지는 책들이다. 대리인이 대신 읽는 과정에서 신경 쓸 필요가 없는 '무시하고 넘어갈 책'이 걸러진다. 읽지 않을 것을 읽지 않는 것이 중요하다. 우리 인생을 더 중요한 것에 집중하게 만드는 보이지 않는 원동력이다.

앞으로의 여정은 중요한 책을 찾고 그에 따라 다르게 독서하는 방법을 배우는 것이다. @

7• 이것은 내가 발췌한 것이 아니다. '맛만 볼 책'의 발췌독과 다르다. 직접 고른 게 아니라 남이 중요하다고 골라준 것이다.

· 무게 달아보기 ·

1 · 우리집에 있는 책 10권을 골라 무게를 달아보자. 먼저 내가 읽을 책과 대신 읽게 할 책을 구분하자. 그리고 각각을 세분화하자. (1) 내가 읽을 책(맛만 볼 책, 삼킬 책, 씹어서 소화시킬 책) (2) 대신 읽게 할 책(대신 정리하고 발췌시킬 책, 필요없는데 가지고 있는 책)

2 · 이렇게 책을 구분하면서 새롭게 알게 된 사실이 있다면 무엇인가?

01

지식의 향연을 준비하다

1776년 3월 25살에 왕위에 오른 정조가 가장 먼저 한 일은 도서관을 세우는 일이었다. '규장각(奎章閣)'이라는 이름으로 창덕궁에 자리 잡은 왕실도서관이다. 원래 규장각은 역대 왕들의 글씨와 작품을 보관하기 위해서 숙종 때 만든 작은 건물이었다. 이것을 정조가 부활시키고 대대적으로 확대해서 도서 수집과 편찬까지 담당하게 했다. 정조 때 이미 수만 권을 소장한 지식의 보고(寶庫)가 되었다.

정조에게 배운다

책을 좋아하는 정조였지만 한가로운 서고(書庫)를 만들려고 규장각을 시작한 건 아니었다. 전쟁 선포였다. 잔혹한 정치 싸움에 아버지 사도세자를 잃은 정조는 세손 시절은 물론이고 왕위에 오른 후에도 늘 실각과 죽음의 위협 속에 살았다. 사도세자의 죽음을 획책했던 노론(老論) 세력은 옛날 연산군의 끔찍한 복수를 떠올리며 정조를 의심하고 우려했다. "죄인의 자식은 왕이 될 수 없다"며 핏대를 세우던 자신들을 그냥 두는 게 어떤 면에서 더 이상했다.

정조는 복수했다. 하지만 피로 가득 찬 복수가 아니었다. 학문의 복수, 문화의 복수, 나라를 다시 세우는 개혁의 복수였다. 학문은 사라지고 극악의 패당만 남은 붕당정치를 향한 최고의 복수는 피를 부르는 것이 아니다. 그들이 학문과 사상에서 벌거벗은 임금님에 불과함을 만천하에 드러내는 것이다. 정조는 단순히 개인적인 은원(恩怨)을 넘어 더 큰 개혁과 부흥의 그림을 그림으로써 복수 아닌 복수를 했다. 악을 선으로 갚은 셈이다.

선전포고가 '규장각'이었다. 책과 지식의 숲에서 학술과 정책을 연구하는 군주의 직속 기관을 세운 것이다. 정조는 자신과 함께 학문과 국사를 논하며 뜻을 펼칠 6명의 신하를 규장각에 배치하고 파격적인 권한과 임무를 주었다. 아침 저녁으로 왕을 직접 만날 수도 있었다. 그리고 그 밑에서 다양한 사람들이 실력과 적성에 맞게 일할 수 있게 했다. 초계문신(抄啓文臣)이라는 이름으로 기존의 젊은 관리들을 별도로 선발하여 특별 교육을 시켰다. 정약용 같은 사람이 이렇게 발탁된 경우다. 압권은 검서관(檢書官)이었다. 도서관리를 맡은 사람들로 오늘날의 사서(司書)와 비슷한 역할을 했다. 좋은 책을 편찬하고 싶었던 정조가 선택한 사람들이었다. 정조는 권력의 노예가 된 무능한 관료들을 배제했다. 신분의 벽에 막혀 있던 서자(庶子)들에 주목했다. 학문에 출중한 서자 네 명을 검서관으로 뽑았다. 유명한 이덕무(李德懋), 유득공(柳得恭), 박제가(朴齊家), 서이수(徐理修)였다. 사검서관(四檢書官)이라고 불리는 사람들이다. 상공업을 중시했던 실학자들로 소위 북학파(北學派)들이기도 하다. 그들에게는 검서청(檢書廳)이라는 별도 집무실까지 주어졌다. 비록 직책이 높지 않고 업무는 힘들었으나 능력자들은 날개를 달자마자 일당백으로 놀랍게 일을 해냈다. 변화를 꿈꾸는 다양한 사람들이 정조와 함께 한 덕분에 그 시대는 '조선의 르네상스'라고 불리게 되었다. 물론 정조가 완벽한 개혁자는 아니었다. 성리학을 절대시하는 등 근본적인 한계가 있었다. 그렇다고 조선의 군주에게 오늘날 같은 평등과 개방의 기준을 요구하는 것은 지나치다. 정조는 그런 한계 속에서도 실학 등 다양한 목소리에 귀를 기울이며 전진했다. 그것이 그의 탁월함이요 위대함이다.

정조는 당대 최고의 인재들을 규장각에 모았다. 변두리에서 소외받던 인재들까지 모았다. 막강한 권한을 주었다. '손님이 와도 일어나지 말라(客來不起)'는 등의 규정까지 내리며 독립적으로 학문에만 몰두할 수 있게 했다. 심지어 『조선왕조실록』에 보면 정조가 규장각 신하의 가족들을 불러 궁궐 연못에서 낚시를 했다는 기록까지 남아 있다.

"나는 세손 때부터 어진 신하를 내 편으로 하고 외척은 배척

해야 한다는 의리를 깊이 알고 있었다. 그래서 즉위 초에 맨 먼저 규장각을 세웠던 것이니, 이는 문치(文治) 위주로 장식하려 해서가 아니라, 대체로 아침 저녁으로 가까이 있게 함으로써 나를 계발하고 좋은 말을 듣게 되는 유익함이 있게끔 하려는 뜻에서였을 뿐이었다."[8]

정조는 규장각 사람들과 무엇을 했는가? 반대 세력을 학문으로 물리치는 일에 매진했다. 무기는 책과 지식이었다. 공부하는 군주였던 정조는 공부를 위해 규장각을 적극 활용했다. 누구보다 바빴던 정조가 어떻게 정치의 왕뿐 아니라 학문의 왕까지 될 수 있었을까? 세손 시절부터의 치열한 공부와 훗날의 규장각이 열쇠다. 국내외 최신 서적들을 수집하고 목록화하는 것도 규장각의 일 중 하나였다. 『규장총목(奎章總目)』, 『누판고(鏤板考)』, 『군서표기(群書標記)』 같은 도서 목록집이 다 그 산물이었다. 정조는 자신만의 중심축을 굳건히 하면서 규장각을 지식 대리인으로 삼았다. 지식의 레이더를 계속 가동했다. 프랜시스 베이컨이 말했던 '대리인' 독서였다. 정조는 규장각 사람들과 함께 틈날 때마다 '지식의 향연'을 열었던 것이다.

지혜로운 사람은 모든 책을 읽겠다고 달려들지 않는다. 대리인(비서)을 세운다. 직접 읽을 것과 대리인이 정리할 것을 구분한다. 대리

8• 1795년 3월 10일의 이야기다. 〈정조실록 42권〉, 『조선왕조실록』, 국사편찬위원회. 그대로 인용하되 일부 어려운 용어를 쉬운 말로 바꿨다.

인에게 전체 동향을 꾸준히 체크하게 한다. 필요할 때마다 그들을 만나 자신이 꼭 읽어야 책들을 고른다.

우리는 왕이 아니다. 창덕궁에 규장각을 세울 수는 없다. 하지만 이 시대에는 지식 동향을 알려주는 기업이나 사람들이 많다. 왕과 신하의 관계는 아니지만 얼마든지 서로에게 유익을 주는 관계를 만들 수 있다.

나도 규장각을 세운다

나만의 규장각을 만들어보자. 규장각의 기본 역할은 최근 동향을 정리하고 우리가 직접 읽을 책을 선별하게 돕는 것이다.[9]

우선, 관리를 임명한다. 정조가 규장각 관리들을 임명했듯이 우리도 분야별로 서비스나 사람들을 활용하면 된다. 베이컨이 말한 대리인이기도 하다. 정기적으로 서평이나 책 정보를 얻을 수 있는 곳을 고른다. 예를 들면 다음과 같은 것들이 있다.

① 〈책과 삶〉 http://www.bookandlife.co.kr

② 〈채널 예스〉 http://ch.yes24.com

③ 신문의 주말 북섹션

9• 규장각의 역할은 정보 수집만이 아니었다. 토론에서 대안과 정책까지 이어지는 총괄적인 연구기관이었다.

④ 〈고전 읽는 구도자 마을 - 고구마〉 http://gogooma.com

이것저것 더 찾아보고 골라서 임명하기 바란다. 내 관심분야의 책과 정보를 알려주는 전문적인 곳도 빼놓을 수 없다. 물론 정보를 책에 국한시킬 필요는 없다. 선별된 소식과 동향, 좋은 자료를 얻을 수 있다면 많은 도움이 된다.

이제 규장각을 세운다. 정조의 규장각이 창덕궁에 있는 것처럼 우리도 실제적인 장소를 지정해야 한다. 일반적으로 집이나 일터에서 가까운 서점과 도서관(평생학습관)을 이용하면 된다. 물론 온라인도 활용할 수 있지만 책을 실제 열람하는 것에 한계가 있다. 온라인을 많이 활용하더라도 실제 오프라인 거점을 지정하고 자주 가는 것이 좋다.[10] 옛날 왕도 미복잠행(微服潛行, 민생 시찰)을 하지 않았던가? 때로는 거창한 계획 없이 무작정 가는 것이 뜻밖의 즐거움을 주기도 한다. 규장각에서 열리는 지식의 향연은 정기적인 일정을 잡는다. 예를 들어 주 1회 정도 주말이나 평일 저녁 시간을 활용할 수 있다. @

10• 나의 규장각을 세우면 장점이 하나 더 있다. '지식의 향연' 후에 필요한 책만 사기 때문에 책값을 줄일 수 있다. 진짜 독서가는 책 사는 걸 아까워하지 않지만 더 좋은 책을 더 많이 사는 방법으로 생각하면 이 또한 쏠쏠한 수확이다.

· 나의 규장각 설립과 지식의 향연 ·

1 · 나의 규장각 관리로 누구를 임명할 것인가? 정기적인 지식의 향연은 언제 할 것인가? '규장각'이란 이름 대신 나만의 이름을 붙이는 것도 좋다. 뒤에 나오는 〈실행록〉에 기록하고 실천해보자.

2 · 이제 정한 날짜에 지식의 향연을 열어서 다음 단계를 실행해보자. 생생한 탐험의 기쁨이 기다리고 있다.

02

맛보는 독서: 도서 탐색 고공비행

규장각 관리들을 통해 책 정보를 듣다보면 직접 보고 싶은 책이 있다. 레이더를 보다가 신호가 잡히면 비행기를 띄워야겠다는 생각이 드는 것과 같다. 보고 싶은 책들을 메모했다가 정기적인 지식의 향연 시간에 살펴본다. 그때까지 기다리기 어렵다면 정조처럼 갑작스럽게 규장각을 찾을 수도 있다. 사전에 책 정보를 가지고 왔든 규장각에 모여있는 장서를 보다가 발견했든, 눈에 띄는 책이 있으면 집어서 살펴본다. 베이컨이 말한 '맛보는 독서' 시간이다.

> "어떤 책들은 맛만 보면 되고… 다시 말해서 어떤 책들은 부분적으로 읽으면 되고"

규장각 초대 검서관(檢書官)이던 이덕무(李德懋)는 평생 2만여 권의 책을 읽었다고 전해진다. 몹시 가난한 살림에 끼니조차 거르기 일쑤였지만 책만큼은 손에서 놓지 않은 사람이었다. 어릴적부터 영특했고 대단한 문장가가 되었으나 자기를 내세우는 데 관심이 없어 오래도록 무명으로 지내다 정조에게 발탁되었다. 왕명에 따라 조선의 무예를 집대성한 『무예도보통지(武藝圖譜通志)』 등을 편찬하기도 하였다. 이런 그가 책을 볼 때 처음으로 하는 일은 전체 구조를 보는 일이었다.

> "책을 볼 때는 가장 먼저 서문과 일러두기를 보고 저자, 편집자(교정자), 규모, 목차를 살펴서 전체 구성을 알아야 한다. 되는 대로 읽어놓고 다 알았다고 착각해서는 안 된다."

예비 독서의 첫단계는 맛보는 독서다. 즐길 만한 요리인지 살짝 떼어서 먹어본다. 숲을 탐험하는 관점으로 보면 숲에 들어가기 전에 비행기를 띄워 공중에서 숲을 미리 보는 것이다. 되도록 높은 곳에서 거리를 두고 보는 고공비행이라고 할 수 있다. 전체 구조를 본다. 내용을 보는 것이 아니다. 이 책이 어떤 책인지만 훑어본다. 중요한 것은 시간 제한이다. 맛보는 독서는 책 한 권에 매달리는 시간이 아니라 여러 책을 살피고 고르는 시간이다. 하나를 빨리 훑고 다른 책으로 넘어간다. 한 권에 1시간이 넘으면 의미가 없다. 보통은 30분 정도가 적당하다. 더 읽고 싶으면 별도로 시간을 다시 잡는다.

책을 훑어본다고 해서 책을 소홀히 하는 것이 아니다. 때로는 거리를 두어야 제대로 보이는 것이 있다. 비행기를 타고 지구 풍경을 담는 사진 작가 얀 아르튀스 베르트랑(Yann Arthus-Bertrand)은 공중에서 볼 수 있는 것들을 이렇게 말한다.

> "하늘에서 바라보면 우리 지구는 늘 제게 우리 자연에 대한 경외심과 신비감을 갖게 합니다. 하지만 동시에… 우리 지구의 미래에 대해… 우려를 갖게 하는 것도 사실입니다. 킬리만자로 산정의 만년설이 점점 녹아 없어지는 것이 하늘 위에서 보면 다 보이니까 말입니다."[11]

위에서 보면 전체를 볼 수 있다. 신비한 것뿐 아니라 문제점도 볼 수 있다. 맛보는 독서는 총 10가지 항목을 살펴보면서 책을 평가한다.

1 · 책 이름

2 · 저자/역자/출판사: 보통 앞표지와 앞날개에 있다. 저자의 이력을 보면 경험이나 권위 등을 어느 정도 알 수 있다.

3 · 추천사/책 소개: 광고성 이야기도 있지만 핵심을 짚어줄 때가 많다. 보통 뒷표지와 뒷날개에 있다.

4 · 목차(차례): 목차에는 이야기의 구조와 흐름이 나타난다. 시

11 • 얀 아르튀스 베르트랑 외, 『하늘에서 본 지구』, 새물결, 7쪽.

간 순으로 되어 있는가, 주제별로 되어 있는가? 나중에 깊이 읽으며 전체 개요를 파악할 때 참고가 되는 부분이다.

5 · 저자 서문/후기: 서문과 후기에는 대개 책을 쓴 의도, 해결하고 싶은 문제, 이야기 방향 등이 나타나 있다. 단, 저자가 아닌 다른 사람이 쓴 서문은 조심할 필요가 있다. 내용을 너무 많이 알려주거나 특정 해석을 강요해서 재미와 신비가 줄어드는 경우가 있다. 본문을 직접 읽고 알아내기 원한다면 이런 서문은 건너뛴다.

6 · 책 분류: 분류 방식은 각자 다를 수 있으나 기본적으로 도서관에서 많이 쓰는 십진분류를 사용한다. 부록의 '한국십진분류표(KDC)'를 참고하기 바란다. 2단계 분류를 하는 것이 적절하다. 만약 메리 셸리의 『프랑켄슈타인』이라면 1단계 분류는 문학(800)이고 2단계 분류는 영미문학(840)이다.

7 · 주요 키워드/주제: 이 책에서 중요하게 다룬다고 생각하는 키워드(핵심 단어), 주제들을 적는다. 책에 색인이 있다면 강조된(많이 나오는) 키워드를 더한다. 예를 들어 『논어』에 색인이 있다면 인(仁), 학(學), 안연, 자로 같은 단어가 될 것이다.

8 · 함께 떠오른 책들: 윌리엄 골딩의 『파리대왕』을 맛보기했다면, 『15소년 표류기』가 떠오를 수 있다.

9 · 핵심장: 서론, 갈등과 논박, 결론 등 어떤 부분이든 핵심이라고 생각하는 부분을 읽는다. 얼마나 설득력있게 말하는지

본다.

10 · **결말:** 결국 무슨 이야기를 하고 싶었는지 본다. 물론 읽는 재미를 더 느끼고 싶은 책이면 건너뛴다.

총평: 책의 특징과 감상 등을 짧게 정리하고 평가한다.

소설 등 문학 작품은 상세하게 맛보기를 하지 않아도 된다. 사전 지식이 너무 많으면 나중에 읽을 때 재미가 없다. 특히 9, 10번 항목은 살펴보면 안 된다. 6~8번 항목을 탐색해놓으면 이 책을 더 읽지 않더라도 나중에 참고할 일이 있을 때 여러모로 활용할 수 있다. 맛보는 독서의 목적은 두 가지다. 하나는 더 읽을지 말지 결정하는 것이고, 또 하나는 관련된 정보를 습득하는 것이다. 탐색 결과를 노트에 기록한 후에 더 읽을지 판단한다. 읽고 싶다면 다음 단계로 넘어가고 그렇지 않다면 다른 책을 맛보기 한다. @

· 맛보는 독서 일지 ·

1 · 나의 규장각에 방문해서 지식의 향연을 열어보자. 3~4시간 정도 시간을 확보한 후 예비 독서를 시작한다. 어떤 책을 손에 잡았는가? 30분 정도 맛보는 독서를 해보자.

2 · 더 읽을 만한 책인가? 그렇다면 다음 단계로 넘어간다. 아니라면 또 다른 책을 맛본다.

분류의 미학

인간은 분류하는 존재다. 분류한다. 고로 존재한다. 분류는 생각과 앎의 다른 이름이다. 분류하면 명확해진다. 분류하면 연결된다. 순서가 생기고 체계가 생긴다. 분류를 통해 정보는 지식이 된다. 지식을 쌓는 것은 결국 분류한다는 것이다.

동서양을 막론하고 학문의 역사는 곧 분류의 역사였다. 플라톤은 고대 그리스 전통대로 철학을 학문의 통일체로 보았다. 하지만 진리에 이르는 단계에 따라 세부 과목을 나누었다. 『국가』에서 제안하는 교육 순서를 보면 먼저 시가(詩歌, 문예)와 체육을 배운 후에 산술-기하-천문-음악을 배우게 했다. 마지막으로 자질 있는 자에게 변증학을 가르쳤다. 이후 현실 경험을 거치며 지도자의 자질을 시험받게 했다. 이런 분류와 흐름은 서양 교육 커리큘럼의 근간이 되었다.

아리스토텔레스는 이와 달리 학문을 분야별로 나누었다. 인간의 지적 행위를 보다(알다)-행동하다-만들다로 구분하고 분류했다. 알기 위한 학문인 '이론학'(자연학, 수학, 형이상학), 제대로 살기 위한 학문인 '실천학'(윤리학, 정치학), 만드는 기술을 위한 학문인 '제작학'(수사학, 시학)으로 나누었다. 동식물에 대한 체계적인 분류를 시작한 것도 아리스토텔레스였다. 서양의 학문 체계와 분류는 그에게 근본을 빚지고 있다.

고대 중국에서는 육예(六藝)라 하여 선비의 학문과 교양을 여섯 가지로 분류했다. 예(禮, 예법), 악(樂, 음악), 사(射, 활쏘기), 어(御, 말타기), 서(書, 글쓰기), 수(數, 수학)였다. 후대에는 사마천의 『사기』에 나오는 것처럼 육예를 여섯 권의 책인 육경(六經)으로 보기도 했다. 『시경(詩經)〉, 『서경(書經)』, 『예기(禮記)』, 『악경(樂經)』, 『역경(易經)』, 『춘추(春秋)』이다. 『논어』에서는 육예가 글

공부(文)로 지칭되기도 했고 육예를 즐기는 삶이 인생의 방향으로 제시되기도 했다. 고대 중국의 학문과 분류 체계는 육예에 뿌리를 두고 있다. 육예를 기본으로 유교의 경전들을 중심에 두고 다른 책들을 구분하는 것이 분류의 시작이었다. 진(晋)나라 때 편찬된 장서목록인 『중경신부(中經新簿)』를 보면 경자사집(經子史集)의 4가지로 책을 분류했다. 『논어』, 『소학』 등의 경전(經), 『노자』 등의 제자백가(子), 『사기』 등의 역사(史), 시(詩) 등의 개인 문집(集)으로 분류한 것이다. 우리나라 규장각에서 편찬한 『규장총목(奎章總目)』, 『누판고(鏤板考)』도 기본적으로 사분류법 체계를 따르고 있다.

고대 중국에서는 학문의 체계와 분류에 대한 논의가 서양만큼 치열하지 않았다. 치열한 분석과 논쟁과 체계화가 학문의 발전과 영향력으로 이어지는 것을 생각하면 오늘날 대부분의 공식 문헌분류가 서양 체계를 따르는 것은 아쉽지만 당연한 일이다.

오늘날 도서관에서 많이 쓰는 십진분류법(DDC)[12]의 직접적인 근원은 프랜시스 베이컨이다. 그는 그리스 전통을 근간으로 근대의 발견과 자신의 통찰력을 더했다. 그는 학문을 역사-시-철학으로 구분했다. 우리나라에서 흔히 인문학을 "문 · 사 · 철"(文.史.哲, 문학 · 역사 · 철학)이라고 부른다. 이런 구분을 출처불명이라고 깎아내리거나 동양 전통이라며 애매하게 둘러대는 경우가 많은데 모르고 하는 소리다. 동양의 경자사집(經子史集)이나 베이컨의 구분 방식은 결국 모두 문학, 역사, 철학으로 볼 수 있다. 인문학의 보편적인 구분인 것이다.

아리스토텔레스가 대상과 목적에 따라 학문을 구분했다면 베이컨은 인간의 능력에 따라 구분했다. 인간에게 기억-상상-이성의 능력이 있다고 보았

12• 우리나라 대학도서관에서는 듀이십진분류법(DDC, Dewey Decimal Classification)을 많이 쓰지만, 한글 책이 많은 공공도서관에서는 우리 특성에 맞게 고친 한국십진분류법(KDC, Korean Decimal Classification)을 많이 쓴다.

다. 기억은 역사로 이어지고, 상상은 시로, 이성은 철학으로 이어진다고 보았다. 이 세 가지 분류를 철학-시-역사의 순서로 뒤집고 세분화시켜서 10개로 만든 것이 멜빌 듀이(Melville Dewey)의 십진분류법이다. 그는 인류의 발전 과정을 체계화해서 0~9까지 번호를 매겼다.

베이컨	듀이 십진분류	의미
철학	000 총류	태초의 혼돈. 어디에도 속하지 않은 것들
	100 철학	혼돈에서 빠져나온 인간의 정신
	200 종교	인간이 신 앞에 엎드림
	300 사회과학	서로를 의지하며 사는 인간의 사회학
	400 언어	사회를 이루고 소통하는 언어
	500 자연과학	살아가는 데 필요한 자연에 대한 지식
	600 기술과학	기술로 발전되고 응용된 지식
시	700 예술	잠시 쉬면서 표현하는 아름다움
	800 문학	언어로 표현하는 아름다움
역사	900 역사	이 모든 발걸음의 기록

참고로 한국십진분류법(KDC)은 400~700의 순서가 다르다. '언어'를 뒤로 보내고 '자연과학'에서 '예술'까지를 위로 올렸다. 물론 '종교', '문학' 등의 하위 분류에도 변화가 있다.

400 자연과학
500 기술과학
600 예술
700 언어

이처럼 분류에는 뜻이 있고 순서가 있다. 때로는 분류가 벽이 되고 한계가 되고 폭력까지 될 수 있지만[13] 인간이 존재하는 한 끊임없이 시도되고 발전될 수밖에 없는 지적 본능이다. 십진분류법이 아니어도 좋다. 필요하면 자신만의 도서 분류 방식을 만들면 된다. 책을 사랑하는 사람에게는 책을 분류하고 정리하는 일 자체가 특별한 즐거움이다. 한눈에 알아보고 한 번에 엮어서 꺼낼 수 있는 방법은 언제나 행복한 고민을 안겨준다. 이 주제를 제대로 다루려면 책이 또 한 권 필요할 것이다.[14]

중요한 것은 분류하지 않으면 체계화되지 않고 종합되지 않는다는 것이다. 분류는 독서의 모든 단계에서 중요하다. 책의 종류를 판단하는 것은 시작일 뿐이다. 색인을 만들 때, 키워드를 분석할 때, 다른 책들과 통합 해서 연구할 때, 언제 어떤 형태로든 분류가 필요하다. 지식을 만드는 알파와 오메가라고 할 수 있다.

베이컨과 듀이의 분류를 중심으로 동서양 전통을 보면 책은 크게 세 종류로 구분할 수 있다.

① **사상**: 사실을 기반으로 보편적인 원리를 담은 책. 철학, 과학, 종교 등이 포함된다. 주로 인간의 지성에 관련된다.

② **문학**: 가상으로 창조된 세계의 이야기. 소설, 시 등이 포함된다. 주로 인간의 감성에 관련된다.

③ **역사**: 과거의 사실들을 정리한 이야기. 사실과 이야기의 결합이기 때문에 사상적인 특성과 문학적인 특성을 함께 가지고 있다. 인간

13• 이런 한계를 극복하려고 사람들이 직접 태그(tag)를 붙이고 협력해서 분류하는 방법을 쓰기도 한다. 흔히 포크소노미(Folksonomy, 대중분류)라고 불린다. 집단지능을 활용한 것이다. 무질서해 보이지만 장점이 많다. 블로그, 유튜브 등에서 볼 수 있다.

14• 참고로 필자는 시대(시간)와 주제를 결합한 분류 체계를 사용하고 있다. 가로축으로는 듀이십진분류 같은 주제를 배치하고 세로축으로는 인류의 시대를 배치하는 방식이다.

의 지성과 감성 모두에 관련될 수 있다. 실천적인 '의지'로 이어지는 부분이 있다.

물론 늘 칼같이 나뉘는 것은 아니다. 한 권의 책이 여러 속성을 가질 수 있다. 큰 틀에서 사상, 문학, 역사로 보는 것이다. 이 책에서도 그렇게 보고 이야기를 이어간다. @

· 분류의 재미 맛보기 ·

1 · 주위에 있는 책(또는 생각나는 책) 세 권을 골라서 부록에 나오는 '한국십진분류표'를 보고 직접 2단계 분류를 해보자.
2 · 국립중앙도서관 홈페이지(http://www.nl.go.kr)에서 책들이 실제 어느 분류에 들어있는지 검색해서 비교해보자.

03

삼키는 독서:
빠른 통독 저공비행

잘 차려진 뷔페 음식을 살피다가 맛보고 싶은 것을 하나 집었다. 맛이 별로다. 다른 것을 맛본다. 이번에는 괜찮다. 식탁으로 가져가서 제대로 먹는다. 책 읽기도 이와 같다. 맛보는 독서로 살펴본 책이 괜찮다면 좀 더 들여다본다. 베이컨이 말한 두 번째 수준의 책으로 가치를 높인다.

> "어떤 책들은 삼켜야 하며… 다시 말해서… 다 읽되 매달릴 필요는 없으며"

통독(通讀)과 속독(速讀)이 함께하는 시간이다. 이미 맛보는 독서로 대강 구조를 파악한 상태다. 이제는 본문 내용을 전체적으로 살피는 시간이다. 맛보는 독서가 고공비행이었다면 이제는 고도를 낮춰 숲을 쭉 따라가보는 저공비행 시간이라고 할 수 있다. 삼키는 독서는 모든 작품을 소설처럼 읽는다. 멈추지 않고 쭉 읽는다. 데카르트는 자신의 책을 어떻게 읽으면 좋을지 궁금해하는 독자들에게 세 번 읽으라고 권하면서 첫 번째 읽을 때의 방법을 친절하게 안내해준다.

> "우선 사람들이 소설처럼 끝까지 쭉 읽어나가길 바란다. 너무 깊이 들어가지 말고, 가끔씩 어려운 게 나와도 신경쓰지 말고 전체적으로 어떤 내용이 나오는지 대강의 그림을 알기 바란다."

어느 책에나 적용할 수 있는 원리다. 삼키는 독서도 어느 정도 시간을 제한하는 것이 좋다.[15] 책에 따라 다르지만 보통 2~3시간 정도를 생각하고 읽는다.[16] 앉은 자리에서 끝까지 간다. 컴퓨터도 끄고 휴대폰도 끄고 몰입한다. 모르는 말이 나와도 신경쓰지 않는다. 알면 아는 대로 즐거워하고 모르면 모르는 대로 그러려니 넘어간다. 몰라도 지나가버리는 자유와 행복을 느낀다. 이야기 흐름에 몸을 맡

15• 책 읽는 속도에 정답은 없다. 사람마다 다르다. 하지만 상황에 따라 속도를 조절할 수 있어야 한다. 빨리 넘어갈 때와 집중할 때를 조절하지 못하면 배움이 깊어지지 않는다. 삼키는 독서는 쾌속 질주 시간이다. 빠르게 끝까지 가보는 것이 중요하다. 속도를 내야 한다.

16• 빠른 통독을 하는 의미와 목적을 잊지 않는다면 독서 시간과 장소는 자유롭게 조정할 수 있다. 곰브리치의 『서양미술사』나 플라톤의 『법률』 같은 책을 3시간에 빨리 통독하는 것은 불가능하다.

긴다. 경치를 즐긴다. 속도를 즐긴다. 독서가 다치바나 다카시(立花隆)의 말대로 이 시간에는 "책을 읽는 도중에 메모하지 말라. 꼭 메모를 하고 싶다면 책을 다 읽고 나서 메모를 위해 다시 한 번 읽는 편이 시간상 훨씬 경제적이다."[17] 꼭 표시가 필요하다면 메모지를 붙인다. 숲을 본다. 나무들은 나중을 기약한다. 이야기의 큰 줄기가 보일 것이다. 자연스럽게 자신이 무엇을 모르는지 보게 될 것이고 알고 싶은 마음도 생길 것이다. 앞에서 생긴 의문이 뒤에서 풀리는 경우도 있을 것이다. 저공비행처럼 책을 훑어보는 훌륭한 예는 『곰브리치 세계사』에서 저자가 역사를 되돌아보는 장면에서 볼 수 있다.

> "우리가 이제 비행기를 타고서 시간의 강물을 따라간다고 상상해보자. 뒤를 돌아보니 뿌연 안개 사이로 매머드 사냥꾼들의 동굴과 최초의 곡식이 자라는 들판이 눈에 띈다. 멀리 점처럼 작게 보이는 건물은 피라미드와 바벨탑이다. 그곳의 평지에서는 유대인들이 가축을 몰고 있다. 근처의 바다로는 페니키아 인들의 배가 지나간다. 바다 사이로 하얀 별처럼 반짝이는 것은 그리스 문화의 상징인 아크로폴리스이다. 세상을 조금 더 돌자 인도의 수도자들이 머무는 어두운 숲이 보인다. 부처도 거기서 깨달음을 얻었다. 조금 더 나아가 보니 중국인들의 만리장성이 있고 불에 그슬린 카르타고 문명의 잔해도 보인다.

17• 다치바나 다카시, 이언숙 옮김, 『나는 이런 책을 읽어 왔다』, 청어람미디어, 82쪽.

저 거대한 원형 극장에서는 로마 인들이 크리스트교도들을 맹수의 밥으로 던져 주었다. 저 멀리 둥근 구름은 게르만 족의 대이동이라는 천둥 번개를 몰아오고 있다. 그리고 저기 강가의 숲 속에서는 최초의 수도사들이 게르만 족을 개종시켰다. 저 멀리 사막은 아랍 인들의 세계 정복이 시작된 곳이며, 저기 저곳은 카롤루스 대제가 다스렸던 지역이다. 그리고 이 아래 언덕의 성채는 유럽의 지배권을 둘러싸고 교황과 황제가 다퉜던 곳이다.

이제 기사들의 성채가 보이고 웅대한 성당이 있는 도시들도 눈에 띈다. 저기가 피렌체고 저곳은 루터의 종교개혁을 야기한 성 베드로 성당이다. 멕시코 시가 불타고 있으며, 에스파냐의 무적함대가 영국 해안에 좌초하는 모습도 보인다. 저기 피어오르는 연기는 삼십년전쟁에서 불타는 마을과 마녀 화형장의 연기이다. 커다란 정원이 있는 저 화려한 궁전이 바로 루이 14세가 지은 베르사유 궁전이다. 오스만 제국군이 빈을 포위하고 있으며 좀 더 나아가자 프리드리히 대왕과 마리아 테레지아의 간소한 궁전이 보인다. 저 멀리서 파리 시민들의 함성이 들려온다. 모두가 자유, 평등, 박애를 외치고 있다. 이제 불타는 모스크바가 눈에 들어오고 마지막 정복자의 대군을 패배시킨 겨울 나라 러시아가 보인다. 우리와 아주 가까운 공장 굴뚝으로 연기가 피어오르고 기차가 기적을 울린다. 베이징 여름 궁전은 폐허가 되었고 일본의 항구에서는 일장기를 단 전함들이 출항

하고 있다. 제1차 세계대전의 포성이 아직도 들려온다. 독가스가 땅 위를 흐르고 있다. 우주 망원경 앞에 선 과학자의 눈은 상상할 수 없을 만큼 먼 우주를 훑고 있다. 하지만 우리 아래와 앞에 보이는 것은 여전히 짙은 안개뿐이다. 우리가 아는 것이 있다면, 시간의 강물이 계속 흘러가 미지의 바다와 하나가 되리라는 사실뿐이다."[18]

보통 '지식의 향연' 한 번에 2~3회 맛보는 독서를 하고 1회 삼키는 독서를 하면 균형있는 독서가 된다. 삼키는 독서가 끝나면 결정이 필요하다. 이 책을 제대로 천천히 탐독할 것인가, 아니면 새로운 책을 맛볼 것인가? 착륙해서 탐험할 것인가, 아니면 다시 새로운 숲을 찾아 비행할 것인가?

· 삼키는 독서 일지 ·

1 · 맛보는 독서를 했던 책 중에서 더 읽고 싶었던 책을 살펴보자. 2~3시간 정도 시간을 잡고 앉은 자리에서 한번에 쭉 읽어보자.
2 · 천천히 더 깊이 읽고 싶은 책인가? 그렇다면 이 책을 가지고 다음 단계로 간다. 아니면 다른 책을 잡는다. '지식의 향연' 시간이 다 지났다면 다음을 기약한다.
3 · '지식의 향연' 결과를 친구나 가족들과 나눠보자.

18 • 에른스트 곰브리치, 박민수 옮김, 『곰브리치 세계사』, 비룡소, 432~434쪽.

지식의 향연 요약

인생의 책을 찾는 특별한 여행

지식의 향연은 다양한 책을 훑어보고 인생의 책을 발견하는 시간이다.

1 · 나의 규장각을 세우고 지식의 향연을 준비한다.

1) 책 정보를 전해주는 관리를 임명한다.

① 서평과 책 정보가 있는 잡지나 웹사이트를 구독한다.

② 관심분야의 지식 동향이 있는 잡지나 웹사이트를 구독한다.

2) 지식의 향연을 개최할 규장각을 세운다.

① 책이 많고 독서하기 좋은 곳들을 찾아본다. (도서관, 서점 등)

② 집이나 일터에서 가까운 곳을 규장각으로 선택한다.

③ 정기적인 지식의 향연 시간을 정한다.

2 · 정기적으로 3~4시간 정도 지식의 향연을 연다.

1) 맛보는 독서로 다양한 책을 훑어본다.

① 규장각 관리들에게 얻은 정보를 참고하면서 책들을 살핀다.

② 눈에 띄는 책을 골라 30분 정도 고공비행하듯이 훑어본다.

③ 훑어본 내용을 독서 노트에 기록한다.

④ 2~3권 훑어보고 그 중에서 더 보고 싶은 책 하나를 고른다.

2) 삼키는 독서로 그 책을 빠르게 통독한다.

① 저공비행으로 숲을 따라가듯이 빠르게 통독한다.

② 통독한 내용을 독서 노트에 기록한다.

③ 더 깊이 읽고 싶은 책이면 집에서 탐독할 책으로 선택한다.

3 · 독서 공동체에서 지식의 향연 내용을 나눈다.

◆ 지식의 향연을 실천하는 독서노트는 241쪽을 참고하기 바란다.

손에 있을 책 한 권

옛 스승들의 행로를 따라오면서 인연이 닿았다면 우리 손에는 더 깊이 읽고 싶은 책 한 권이 있을 것이다.

혹시 이번 '지식의 향연'에서 그런 책을 찾지 못했는가?

다음 기회에 찾으면 된다. 좋은 책을 발견하지 못했다고 해서 지금까지의 시간이 낭비는 아니다. 아주 중요한 일이었다. 어떤 주제에 어떤 책이 있는지 알게 되었다. 문필가 새뮤얼 존슨(Samuel Johnson)은 이 작업의 중요성을 이렇게 강조했다.

> "지식에는 두 종류가 있다. 어떤 주제를 직접 알고 있는 경우가 있고, 그 주제에 대한 정보를 어디서 찾을 수 있는지 알고 있는 경우가 있다. 어떤 주제를 조사할 때 가장 먼저 할 일은 그 주제를 다루고 있는 책들을 아는 것이다. 이 중요성을 아는 사람은 도서 목록들을 살펴보고, 도서관에서 책 표지를 살펴본다."

이미 훌륭한 열매를 거둔 것이다. 앞으로 일주일에 한 번 정도 '지식의 향연'을 즐기자. 배움의 심장이 뛰고 지성의 근육이 단단해지는 기쁨을 경험하게 될 것이다. 독서 모임이나 가족과 함께 하면 더욱 좋다. 탐색한 책의 줄거리를 이야기해주고 감상을 나누기만 해도 최고의 선물을 주고받는 것이다.

그런 책을 찾지 못했지만 빨리 다음 단계로 가고 싶은가?

어떻든 탐독할 좋은 책이 있어야 한다. 평소에 깊이 읽고 싶었던 책을 하나 고른다. 아니면 추천 받는다. 결정된 책으로 예비 독서(맛보기와 삼키기)을 먼저 한 후에 다음 단계를 기다린다. 다음 단계는 예비 독서를 했다는 전제 아래 진행된다.

드디어 깊이 읽을 책을 손에 들었는가?

축하한다. 주마간산이기는 했으나 우리는 손에 든 책을 이미 한 번 읽었다. 이제 두 번째 읽을 시간이 찾아왔다. 헤르만 헤세(Hermann Hesse)가 말한 두 번째 읽는 기쁨을 맛볼 시간이다.

> "두 번째 읽을 때 비로소 그 책의 진수를 발견하게 되고, 표면적인 것에 불과했던 긴장감이 사라지면서 글 고유의 힘과 아름다움이라 할 내면의 가치가 모습을 드러내는데, 얼마나 경이로운 경험인지 모른다."[19]

19• 헤르만 헤세, 김지선 옮김, 『헤르만 헤세의 독서의 기술』, 뜨인돌, 167쪽.

신비의 문 앞에서

일반적인 독서에 만족하는 상황이라면 다음 단계로 넘어가지 않아도 된다. '맛만 볼 책'이나 '삼킬 책'이라면 굳이 더 시간을 들이지 않아도 좋다. 또한 조금 더 보고 싶은 정도의 책이라면 앞서 진행했던 〈삼키는 독서-저공비행〉을 천천히 다시 한번 실행하면서 읽는 것으로 충분하다.

많은 사람들이 이 정도에 만족한다. 몇 구절, 몇 장면에 감동하고 스토리의 강렬함에 잠시 압도된 것으로 충분하다고 느낀다. 물론 그것도 좋은 일이다. 하지만 더 깊이 들어가는 길도 있다.

여기 신비의 세계로 들어가는 문이 있다. 선택은 각자의 몫이다. 옛 스승들에게 배우는 진짜 독서, 천년의 독서는 지금까지와 차원이 다르다. 많은 시간과 노력이 필요하다. 가파른 산을 오르고 사막을 횡단하는 일이 필요하다. 물론 그 끝에는 일찍이 경험한 적이 없는 푸른 초장과 쉴 만한 물가가 기다리고 있다.

그렇다고 그 세계에 들어가기 위해서 대단한 학식이나 지혜가 필요한 것은 아니다. 『반지의 제왕』에서 반지 원정대는 모리아(Moria)의 세계로 들어가는 마법의 문 앞에 서 있었다. 문은 발견했으나 열 수가 없었다. "말하라, 친구. 그리고 들어오라(Speak, friend, and enter)"

는 마법 문구가 써 있었으나 도대체 무슨 주문을 말해야 열리는 것인지 알 수가 없었다. 아무리 지혜를 짜내고 힘을 써도 소용이 없었다. 열쇠는 일행 중 가장 약해 보이는 호빗에게서 나왔다. 놀라운 주문을 알고 있어야 하는 것이 아니라 그냥 그 나라말로 "친구"라고 외치면 열리는 문이었다. 엄청난 지식과 괴력이 필요한 게 아니었다. 들어가려는 열망과 텍스트를 있는 그대로 보는 마음이면 충분했다. 엄청난 지식과 괴력은 오히려 방해물이었다. 옛 스승들이 기다리는 독서의 세계도 마찬가지다. 당신이 누구든 상관 없다. 배우려는 열망과 아이 같은 마음만 있으면 된다.

"말하라, 친구. 그리고 들어오라."

4

천년의 독서를 만나다

지식의 향연이 끝났다. 왁자지껄 파티를 마치고 돌아오는 우리 손에는 천천히 음미할 책이 있다. 인생의 책이다. 집에 돌아와 책상에 앉는다. 작은 스탠드를 켜고 책을 바라본다. 진짜 독서의 시작이다. 헨리 데이비드 소로(Henry David Thoreau)는 월든 호숫가의 작은 오두막을 이렇게 말했었다.

> "나의 거처는 사색하는 것뿐 아니라 진지한 독서를 하는 데 있어서도 그 어느 대학보다 좋았다… 나는 온 땅에 끝없이 전해지는 몇몇 책들의 세계 속에 그 어느 때보다 깊이 빠져들었다."

음식을 맛보고 먹어보는 것은 파티와 식당으로 충분하다. 그것이 정말 인생의 기쁨이요 양식이라면 우리는 집으로 돌아와 어느 날이고 요리를 시작할 것이다. 영혼의 독서도 그렇게 이어진다. 천천히 뜨겁게, 행복하게. 베이컨이 말한 마지막 단계다.

> "몇몇 책은 씹어서 소화시켜야 한다. 다시 말해서… 뜨겁게 집중해서 완전히 읽어내야 한다."

옛 스승들의 책 읽는 지혜는 무엇보다 꼭꼭 씹어서 소화시키는 독서에 집중된다. 스승들은 한 권의 책에 온 존재를 쏟았다. 위편삼절(韋編三絕)의 자세였다.

"공자는 만년에 『주역(周易)』을 즐겼다… 『주역』을 읽는 동안 죽간을 연결하는 위편이 세 번 끊어졌다. 공자가 말했다. '몇 년만 더 있으면 『주역』을 환히 밝힐 수 있을 것이다.'"

사마천의 『사기』에 이렇게 기록되어 있다. 정약용도 그랬다. 유배지에서 그는 책상에 한 권만 올려놓고 매달렸다.

"『주역』 하나만 책상에 놓고 밤낮없이 마음을 쏟아 깊이 살폈더니 계해년 늦봄부터는 온 세상이 다 『주역』이었다. 보이는 것, 잡히는 것, 말하는 것, 생각하는 것, 베껴쓰는 것, 밥먹고 뒷간 가는 것, 배 두드리는 것까지 그 어떤 것도 『주역』 아닌 것이 없었다. 그리하여 『주역』을 통달하게 되었다."

이런 독서는 가까이 있는 사람들에게 자연스러운 풍경이 된다. 그가 책의 사람이기 때문이다. 20세기의 탁월한 설교자이자 독서가였던 마틴 로이드존스(Martyn Lloyd-Jones)는 딸들에게 이렇게 기억되고 있다.

"우리는… 해변으로 휴가를 갔다. 매우 더운 날씨였다. 나는 수영복을 입고 뛰놀며 모래를 파기도 하고 물장구도 쳤다… 우리들은 모두 뜨거운 햇볕 아래에서 일광욕을 하며 놀았다. 그런데 아버지는 해변의 한 모퉁이에 있는 바위 앞에서 평소에 사용하던 모자, 구두, 양말, 조끼 등을 걸치고서… 책을 읽고 있었다. 일광욕 해변에서! 아버지는 여름 휴가 동안에는 항상 아침에 책을 읽었다. 그러나 우리 가족은 아버지의 이같은 독서 습관을 전혀 싫어하지 않았다. 앤과 나는 독서가 아버지의 일부라고 간주했다…. 독서는 그의 일이고 즐거움이었다. 독서는 그의 일부였기에 우리들의 일부가 되었다."[20]

스승들은 우리에게 독서하는 일상만 보여준 것이 아니다. 열심히 읽으라고 독려만 하고 끝내지 않았다. 독서하는 방법도 남겨주었다. 이제 드디어 그 이야기를 들을 차례다. 천년의 독서를 만날 시간이다.

韋編三絕 위편삼절

책의 가죽 끈이 세 번 끊어질 정도로 공자가 주역을 즐겼다.

천천히 뜨겁게 책을 사랑하다.

20• 프레드릭 캐서우드, 이중수 옮김, 『마틴 로이드존스와 그의 독서 생활』, 양무리서원, 31쪽. 인용하면서 본 책의 이야기 분위기에 맞도록 높임말로 된 표현과 종결 어미를 낮춤말로 바꿨다. 나머지는 그대로 인용했다..

인문학과 천년의 독서

인문학(人文學)이란 무엇인가? 여러 정의(定義)를 나열할 수 있다. 하지만 궁극의 정답은 하나뿐이다. 인문학은 독서다. 다른 정의들은 파편이다. 독서를 잃으면 인문학을 잃는다. 교육을 잃는다. 인문학의 위기는 독서의 위기다. 인문학의 유래를 따라가면 더욱 분명해진다.

인문학의 유래

인문학은 옛날부터 있던 말이 아니다. 근대에 처음 등장한 많은 단어들이 그렇듯이 서양학문의 번역을 위해 만들어진 번역어다. 다시 말해서 오늘날 우리가 쓰는 의미로의 인문학이라는 표현 자체는 공자도 모르고 정약용도 몰랐다.[21]

인문학은 영어의 '휴머니티스(humanities)'를 번역한 말이다. 영어는 르네상스 시대의 라틴어 표현 '스투디아 후마니타티스'(studia humanitatis)를 번역한 것이다. 인간다움에 대한 공부(study of humanity)를 뜻한다. 결국 인간이 되는 공부라는 뜻이다. 르네상스의 주된 관심사는 인간이었다. "인간이란 무엇인가?", "어떻게 살아야 하는가?"였다. 예를 들어보자. 인간은 행복을 추구하는 존재다. 소크라테스는 올바른 사람은 행복하고 올바르지 못한 사람은 비참하다고 했다. 그렇다면 올바른 것과 올바르지 못한 것은 어떻게 판단할

21 • 참고로 한자문화권에서 쓰는 근대 번역어의 상당수는 일본에서 만들어졌다. 예를 들어 동아시아 사람들이 철학, 과학, 예술, 이성, 시간, 관찰, 권리 같은 말을 쓸 때 모두 일본의 철학자 니시 아마네(西周, 1827-1897)에게 빚을 지고 있다. 또는 그의 굴레 안에 있다. 문화, 걸작, 주인공 같은 말을 쓸 때는 셰익스피어 번역으로 잘 알려진 일본의 소설가 쓰보우치 쇼요(坪内逍遙, 1859-1935)에게 빚을 지고 있다.

수 있는가? 르네상스 사람들은 답을 고전에서 찾았다. 그리스어와 라틴어 고전을 읽으면서 역사, 철학 등을 공부하는 일련의 과정을 '스투디아 후마니타티스'라고 불렀다. 이런 단어를 한자로 어떻게 번역할지 고민하던 사람들은 『주역(周易)』에서 길을 찾았다.

> "하늘의 무늬(천문)를 보라. 그것으로 때의 변화를 살핀다. 인간의 무늬(인문)를 보라. 그것으로 세상을 바꾸고 완성한다."(觀乎天文 以察時變 觀乎人文 以化成天下)

여기서 나온 '인문'을 통해 인간이 만드는 무늬, 인간다움을 공부하는 학문이라는 뜻으로 '인문학'이라는 용어가 탄생했다. 인문학이 왜 독서인지는 이 정도로 충분할 것이다. 하지만 한 걸음 더 들어가면 구체적인 독서의 방법, 독서의 기술까지 만날 수 있다.

'스투디아 후마니타티스'란 말 역시 갑자기 하늘에서 떨어진 것이 아니다. 르네상스 사람들이 그리스 로마 시대 이래의 교육 방식인 '아르테스 리베랄레스'(artes liberales)를 발전시키며 만든 말이다. 영어로 '리버럴 아츠'(liberal arts)로 번역된다. 우리말로는 보통 '교양 과목'으로 번역된다. '교양(教養)'은 '폭넓은 지식과 품위' 정도가 아니다. 그것은 열매의 일부일 뿐이다. 교양은 그런 열매들의 뿌리까지 포함한 말이다. 역사를 거슬러 올라가면 교양의 원천이 나온다.

'아르테스 리베랄레스'는 문자 그대로 '자유의 기술(기예)'을 뜻한다. 로마 시대 '자유인'이 배우는 공부여서 '자유'라는 말이 붙어 있다. 로마 시민으로 살아가려면 공개적으로 토론을 하고 변론을 하는 등 여러 가지 역량이 필요했다. 그런 방법은 저절로 알게 되는 것이 아니라 공부가 필요하다는 것이 로마 사람들의 생각이었다. 그들은 고대 그리스의 학문 전통을 중심으로 고민했다. 그리고 최종적으로 7과목을 자유인의 기본 교육 과정으로 설계했다. 우선 어떤 분야의 지식이든 제대로 배워서 활용하려면 필수적으로 세 가지 기술이 필요하다고 보았다. 문법, 논리(변증), 수사(修辭)였다. 정확히 말하면 개별적인 과목이 아니라 무엇이든 배우게 도와주는 '배움의 기술'이자 '생각의 기술'이었다. 이것을 '세 가지 길'이라 하여 삼학과(trivium, 트리비움)라고 불렀다. 그 후에는 좀 더 구체적인 '과목들'을 배치했다. 앞서 배운 '배움의 기술'을 활용하며 발전시키는 시간이었다. 산술, 기하, 천문, 음악의 4과목을 배운다. 플라톤의 『국가』에서 이상국가의 커리큘럼에 포함된 과목들이다. 이것을 '네 가지 길'이라 하여 사학과(quadrivium, 쿼드리비움)라고 불렀다. 삼학과가 언어와 소통의 본질을 이야기한다면 사학과는 실체적인 사물에 관심을 가지고 있다. 이렇게 설계된 7과목을 묶어서 자유의 기술이라고 불렀다. 노예들은 배울 수 없고 배울 필요도 없는 자유인들의 기술이었다.

교육과정은 한동안 유동적이다가 중세에 들어설 무렵 확고해졌다. 훗날에는 법학이나 신학 같은 특정 학문의 진로를 결정하기 전에 반드시 거치는 공식 커리큘럼이 되었다. 5세기 마르티아누스 카펠라(Martianus Capella)가 쓴 『필롤로기아와 메르쿠리우스의 결혼(De nuptiis Philologiae et Mercurii)』이라는 책을 보면 7과목이 구체적으로 나와 있다. 웅변의 신 머큐리(헤르메스)와 학문에 통달한 처녀 필롤로기아가 결혼하는 내용을 담은 우화적인 작품이다. 필롤로기아에게 결혼선물로 주어진 7명의 하녀가 7과목을 뜻했다. 안타깝게도 서로마제국의 멸망 이후 여러 격변 속에서 오랫동안 삼학과가 들쑥날쑥하는 경향을 보였으나 큰 그림에서 보면 로마에서 중세까지 교양교육, 자유교육의 명맥이 이어졌다. 말 그대로 천년의 교육이요, 천년의 독서법이었다. 르네상스 사람들은 이 전통을 재발굴하고 발전시켜서 그 시대를 르네상스 시대로 만들었다.

문법, 논리, 수사의 힘

'자유의 기술'(artes liberales)은 자유인의 기술인 동시에 자유를 주는 기술이었다. 7과목의 핵심은 문법, 논리, 수사 삼학과였다. 인간이란 무엇인가? 인간답게 살려면 무엇이 필요한가? 인간은 생각하는 존재다. 제대로 생각할 줄 알아야 인간다울 수 있고 자유로울 수 있다. 제대로 생각한다는 것은 스스로 관찰하고 판단하고 주장할 수 있다는 것이다. 문법, 논리, 수사의 기술이 그 역할을 한다. 그리스 로마 전통은 이 세 가지 도구만 있으면 어떤 분야이든 정복해서 생각의 자유, 인생의 자유를 누릴 수 있다고 보았다.

먼저 모든 분야에는 '문법적' 요소가 있다. 기본 틀이 있고 원칙이 있다. 핵심 용어가 있다. 꼭 알아야 할 이야기가 있다. 문법은 기본적으로 언어와 관련이 있지만 특정 언어가 종착역이 아니다. 전통적으로 라틴어를 중시했지만 거기 머물면 안 된다. 결국 모든 지식은 언어적 소통이며[22] 모든 것에 문법이 있다는 것을 알아야 한다. 피아노 연주에도 벼농사에도 자동차 수리에도 파워포인트 활용에도 문법적 요소가 있다. 그 분야 초심자는 기본 원칙을 빨리 파악해야 한다. 당장은 무슨 말인지 몰라도 틀을 잡아야 한다. 뼈대를 뽑고 명칭을 외우고 어떻게 배치하면 동작하는지 알아야 한다. 노래로 만들고 이야기로 바꿔서 흥얼거리고 기억한다. 몸으로 배운다. 이것이 문법이다.

또한 모든 분야에는 '논리적' 요소가 있다. 움직이는 모든 것에는 순서가 있고 요소가 있다. 그것을 제대로 이해하고 따져봐야 한다. 분석하고 추론해야 한다. '왜'라고 물어야 한다. 문법을 외워서 말하는 것은 한계가 있다. 주어와 목적어 자리에 이것저것 바꿔보면서 원리를 알아야 한다. 문맥이 보인다. 결론을 향해 가는 여정이 보인다. 바깥 말 뒤에 있는 진짜 주장이 보인다. 그게 정말 말이 되는지 따진다. 역사에도 경제에도 종교에도 평범한 하루에

22• 어떤 것을 '지식'이라고 부르면 체계가 있다는 뜻이고 배우고 가르칠 수 있다는 뜻이다. 다시 말해서 소통할 수 있는 언어적 형태를 가지고 있다는 것이다. 문서화되기 어렵고 겉으로 드러나지 않는 단계의 지식이라고 해도 배우고 체험할 수 있다는 것은 결국 언어적 소통이 가능하다는 뜻이다.

도 이치에 맞는지 따질 일이 가득하다. 논리의 위대함과 한계를 동시에 배운다. 머리로 배운다. 이것이 논리다.

또한 모든 분야에는 '수사적' 요소가 있다. 배운 것들을 소화한다. 내 것이 된다. 남의 이야기를 내 이야기에 접붙인다. 설득하고 토론할 수 있다. 즐길 수 있다. 논리로 설명할 수 없는 신비를 깨닫는다. 다른 분야를 연결하고 통합하고 재창조한다. 옛 이야기로 오늘을 보고 내일을 예측한다. 말하기 패턴을 넘어 농담을 던지고 시를 쓸 수 있게 된다. 바이올린을 변주한다. 자전거를 개조한다. 이제 가슴으로 노래한다. 가슴으로 배운다. 이것이 수사다.

삼학과는 과목이 아니다. 과목을 배우는 기술이요 도구다. 하나의 책이나 법칙으로 끝날 일이 아니다. 사실은 커리큘럼도 아니다. 배움의 자세이며 태도다. 몸에 익힐 습관이다. 모든 교양의 뿌리다. 자유인의 기술이요, 자유를 주는 기술이다. 공자가 말한 "한 가지 기능에 얽매이지 않는 참된 인간(君子不器)"의 이상을 실현하는 실전 능력이다. 또한 이 능력은 단순히 자신만 자유로운 존재로 만드는 기술이 아니라 자유의 공동체를 섬기고 발전시키는 자유 시민의 기술이기도 하다.

종의 기술과 자유의 기술

이와 달리 오직 한 가지 일을 위한 공부를 '종의 기술', '섬김의 기술'(servile arts)이라고 불렀다. 건축이나 요리같이 한 가지 분야에 국한된 기술이다. 한 곳에 매여서 종의 기술이다. '기계적 기술'(mechanical arts)이라고도 불렀다. 뭔가를 만들어내는 실용적인 기술이다. 먹고 사는 일에도 당장 써먹을 수 있다. 똑같은 것은 아니지만 이해하기 쉽게 요즘 대학 공부식으로 바꾸면 자유의 기술은 교양 과목이고, 종의 기술은 전공 과목이라고 할 수 있다.

어느 하나만 절대적일 수 없다. 둘 다 필요하다. 자유의 기술은 본질을 가르친다. 어떤 과목이든 공부할 수 있는 도구를 가르친다. 자유와 인간다움이 목적이다. 생각하는 사람을 키운다. 가치와 방향을 판단할 수 있게 해준다. 종의 기술은 현실을 가르친다. 한 우물 파기를 가르친다. 성과와 실용성이 목적이다. 한 분야 전문가를 키운다. 모두 필요하다. 높은 곳에서 관조하는 일도 필요하고 땅에서 땀흘리는 일도 필요하다. 아침에 묵상하는 것과 낮에 일하는 것 중에 하나만 고를 수는 없다. 물론 언제나 순서는 있다. 자유의 기술이 기초가 되어야 한다. 방향이 있어야 속도에 의미가 있다. 철학이 있어야 첨단 기술이 빛난다. 가치를 판단한 후에 우물을 파야 한다. 아침의 묵상이 있어야 한낮의 수고가 길을 잃지 않는다.

살다보면 둘의 불균형은 자주 찾아온다. 순서가 바뀌기도 하고 한쪽에 치우치기도 한다. 그러다 양자택일을 하면 개인도 사회도 불행하게 된다. 안타깝게도 근대 이후의 교육은 종의 기술에만 매달렸다. 근대 과학으로 지식이 쏟아지고 산업혁명으로 각종 기능이 요구되자 종의 기술만으로 충분하다고 착각했다. 재앙이었다. 생각할 줄 모르고 판단할 줄 모르고 통합할 줄 모르는 어리석은 전문가들이 쏟아졌다. 교육은 사라지고 직업 훈련만 남았다. 재앙은 동양에도 미쳤다. 서양 문물에 압도된 동양 역시 전통적인 본질 교육을 팽개치고 서양을 따라 예정된 실패를 감행했다. 우리나라도 똑같다. 돈으로 치장한 오늘의 교육이 아무리 애를 써도 김규식, 양주동, 윤동주, 함석헌 같은 사람을 배출하지 못하는 이유는 무엇인가? 동양적 본질 교육과 서양적 신학문 결합이 사라졌기 때문이다. 교실은 가난했지만 지성은 날카롭고 풍성했던 시절이 지나갔기 때문이다. 삼학과는 서양만의 전통이 아니다. 이름이 다르고 형태만 다를 뿐 기본 원리는 동양의 스승들도 다를 게 없었다. 지식의 내면화와 통합 등에서는 오히려 동양이 뛰어났다.

천년의 독서가 필요한 시대

역사의 수레바퀴가 다시 자유의 기술을 부르고 있다. 산업혁명은 아날로그 혁명이었다. 손에 잡히는 물건이 늘어날수록 분리되고 세분화될 수밖에 없다. 태생적으로 종의 기술에 몰두할 수밖에 없다. 지식혁명은 디지털 혁명이다. 무형의 지식과 가상의 세계다. 상상하고 융합하고 통섭하는 사람이 주도한다. 자유의 기술이 필요하다.

옛사람들은 무엇으로 자유의 기술을 연마했는가? 책이다. 무엇이든 가능했지만 무엇보다 책이었다. 책이 사냥감이고 재료였다. 도마이고 모루였다. 특히 르네상스 사람들이 그랬다. 중세는 좋은 도구가 있었지만 소수 계층만 교육시키는 오류를 범했다. 그 도구로 볼 수 있는 책까지 제한했다. 심지어 기독교 시대라면서 성경마저 막아버렸다. 문법-논리-수사의 도구가 개인들의 손에 넘어가자 무슨 일이 생겼는가? 그들이 천년의 독서를 회복해서 원전을 파헤치기 시작하자 무슨 일이 벌어졌는가? 르네상스가 피어나고 종교개혁이 불타올랐다. 오늘은 어떤가? 지식 사회라는데, 정보가 쏟아진다는데 왜 이 모양인가? 왜 몇몇의 잔치만 벌어지고 있는가? 잃어버린 자유의 기술을 회복해야 한다. 기계적인 회복이 아니다. 오늘에 맞는 창조적인 회복이다. 르네상스에서 정말 배워야 할 것은 미술품 감상이 아니라 그 회복의 정신이다. @

인문고전 삼중 독서법

인문학은 독서다. 독서 중에서도 고전 독서다. 고전 독서라는 말에는 두 가지 뜻이 있다. 하나는 흔히 말하는 대로 '인문고전을' 읽는 것(classic reading)이다. 하지만 이것은 절반의 정의(定義)다. '고전을 읽자'는 구호만으로 고전 독서가 잘되지 않는 이유가 여기 있다. 한쪽 날개만 가지고 날갯짓을 하기 때문이다. 고전은 안 읽고 고전에 대한 책만 읽게 되는 이유도 여기 있다. 또 하나의 날개가 필요하다. 고전 독서의 남은 뜻은 옛 스승들이 읽었던 '고전적인 방법으로' 읽는 것(classical reading)이다. 둘은 뗄 수 없는 관계다. 구분할 수는 있으나 분리할 수는 없다. 인문학적으로 볼 때, 배우는 방법을 배우는(좁은 의미로, 인문고전 독서법을 배우는) 가장 좋은 도구는 고전 자체다. 고전은 고전적인 방법으로 책을 읽은 사람들이 그렇게 읽히기를 바라고 저술한 유산이다. 고전은 배움의 대상이자 학습 훈련의 장(場)이다. 고전을 읽되 고전적인 방법으로 읽어야 한다. 옛 스승들과 거닐며 그들이 읽은 방법으로 배워야 한다. 두 날개로 날아야 한다. 진짜 인문학, 진짜 고전 독서의 기쁨이 여기 있다.

고전 독서를 위한 준비

고전적인 독서를 하려면 최소한 두 가지가 있어야 한다. 첫째, 독서 공동체가 필요하다. 앞서 강조했듯이 고전 독서는 함께 읽는 독서였다. 읽는 과정을 함께하면서 서로 격려하고 토론하고 실천할 수 있는 공동체가 있어야 한다. 고전 독서법의 과정마다 나눌 사람들이 필요하다. 선택이 아니라 필수 조건이다.

둘째, 천천히 반복해서 읽는 자세가 필요하다. 중국 후한말의 학자였던 동우(董遇)의 말대로 "백 번 읽으면 뜻이 저절로 드러난다(讀書百遍義自見)"는 단순한 진리를 따라 인내하는 마음이다. 사람들은 흔히 바쁘다는 핑계로 천천히 반복하는 것을 포기한다. 동우는 가난했다. 글방의 스승을 만날 수 없었다. 오직 책을 스승 삼아 백 번 읽는 인내로 큰 학자가 되었다. 사람들은 동우에게 핑계를 댔다. 책을 읽고는 싶은데 사는 게 힘들어서 여유가 없다는 것이다. 다시 말해서 동우는 시간이 많아서 가능했을지 모르지만 자신들은 시간이 없다는 것이다. 동우는 단호하게 말했다. 누구에게나 여유 시간이 세 가지나 있으니 겨울에 읽어도 되고, 저녁에 읽어도 되고, 비오는 날에 읽어도 되는데 무슨 핑계가 그리 많냐는 것이다(當以三餘 冬者歲之餘 夜者日之餘 陰雨者時之餘). 시간이 없는 게 아니라 마음이 없는 것이다. 노력 없이 빨리 얻고 싶어서 요령만 피우기 때문에 발전이 없는 것이다. 말은 꼭 필요하다고 하면서 전부를 쏟을 생각이 없는 것이다. 이런 꾀만 부리는 사람에게는 위대한 스승과 좋은 벗들이 넘쳐도 아무 소용이 없다. 한 인간의 탁월함(arete)은 전부를 쏟을 때 피어난다. 요령으로는 들어갈 수도 없고 볼 수도 없는 세계다.

천년의 지혜, 삼중 독서법

옛 스승들은 감사하게도 천천히 반복하며 읽을 '자세'만 강조하고 끝내지 않았다. 탁월함으로 인도할 독서법의 날개도 전해주었다. 서양의 스승들은 삼학과(trivium) 전통으로 공부하고 책을 읽었다. 동양에도 명칭과 구성은 다르지만 같은 맥락으로 전해지는 스승들의 독서법이 있다. 같지 않은 것을 억지춘향 삼을 수는 없으나 궁극으로 통한다면 따로 떼어놓음도 온당치 않다. 동서양 큰 스승들이 전해준 독서법을 엮어 '삼중 독서법(三重 讀書法, threefold reading)'이라 부르고자 한다. 틀 만들기 좋아하는 서양 전통에서 나온 삼학과 방식으로 큰 그림을 그리고, 책을 향해 마음을 쏟는 동양 전통의 원리들과 융합하는 형식이다. 옛것을 전해줄 뿐 창작한 것은 아니지만(述而不作) 소통하려면 적절한 이름이 필요하기에 '삼중 독서법'이라 했다.

삼중 독서법은 두 가지 의미가 있다. 첫째는 세 사람 이상이 함께 읽는 공동체 독서다. 공자는 "세 사람이 길을 가면 그 중에 나의 스승이 꼭 있다"고 했다. 공부의 길, 독서의 길은 함께 가야 한다. 솔로몬은 "삼겹줄은 쉽게 끊어지지 않는다"고 했다. 서로 의지하고 격려하면 무너지지 않는다. 더 큰 지혜와 힘을 발휘할 수 있다.

두 번째 의미는 세 번 읽는 3단계 독서다. 서양의 스승들은 인문교육[23]을 통해 3단계 읽기를 강조했다. 기본적으로 같은 대상을 세 번에 걸쳐 습득하고 활용한다. 기본 원리를 토대로 다양한 지식 분야에 적용할 수 있으나 여기서는 책 한 권을 깊이 읽는 독서에 집중해서 생각해본다. 인문교육에서 삼(3)은 3단계도 되고 세 번도 되고 세 가지도 될 수 있다.[24] 순서대로 할 수도 있고 동시에 할 수도 있다. 여기서는 3단계 순서를 기본으로 진행한다.

첫 번째 읽기는 '문법적 읽기'다. 관찰하고 개관하고 기억하는 시간이다. 아이처럼 읽는다.

두 번째 읽기는 '논리적 읽기'다. 따지고 분석하고 재구성하는 시간이다. 학자처럼 읽는다.

23• Liberal Arts Education은 교양교육, 자유교육, 3과, 삼학과 등 다양하게 번역할 수 있다. 전통적인 교육이라는 의미에서 고전적 교육 또는 고전교육(classical education)이라고 번역하는 경우도 있다. 이 책의 나머지 부분에서는 "삼학과 중심의 인문학 교육"이라는 뜻을 살리기 위해서 "인문교육"이란 말을 사용한다.

24• 독서와 공부의 세상에는 삼(3)이 가득하다. 서양 전통에서 공부의 기본은 삼학과(trivium)였다. 데카르트는 책을 세 번 읽으라고 제안했다. 헤르만 헤세는 세 가지 유형의 독자가 있다고 했다. 동양도 다르지 않다. 『논어』 하나만 봐도 얼마나 많은가? 세 번 반성하고, 세 번 생각하고, 세 가지를 더 알아낸다. 세 사람이 함께 길을 가며 서로에게 스승이 된다. 시, 예법, 예술(詩, 禮, 樂) 세 가지 순서로 공부한다. 공자는 책이 세 번 뜯어질 정도로 열심히 읽었다. 『대학』에서는 학문의 길에 세 가지 목표가 있다고 했다. 독서하고 공부할 때 3단계 접근, 3회 반복이 중요하다. 거창한 과학이나 종교적 신비까지 갈 필요도 없다. 지혜로운 스승들의 충고이며 위대한 전통이다.

삼중 독서법

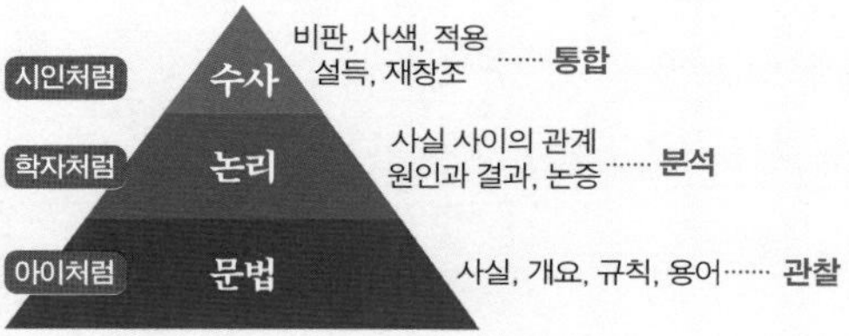

세 번째 읽기는 '수사적 읽기'다. 평가하고 사색하고 재창조하는 시간이다. 시인처럼 읽는다.

삼중 독서법은 베이컨이 말했던 "씹어서 소화시키는" 독서를 구체적인 방법으로 실현한다. 셋이서 함께 씹고, 꼭꼭 세 번 씹어서 소화시킨다. "뜨겁게 집중해서 완전히 읽어내는" 것이 무엇인지 분명하게 보여준다. 모든 책을 이렇게 읽을 필요는 없지만, 스승 같은 책, 연인 같은 책을 만났다면 마음을 달리해야 한다. 이율곡의 말대로 당분간은 이 책에 모든 마음을 쏟아야 한다.

> "독서할 때는 반드시 한 권을 철저히 읽어서 뜻을 다 깨닫고 통달하여 막힘이 없게 된 후에 다른 책을 읽어야 한다. 많이 읽고 얻어내려는 욕심에 이리저리 바쁘게 뛰어넘어서는 안 된다."

이제부터 경험할 삼중 독서법은 그저 그런 또 하나의 책읽기 방법이 아니다. 책을 하나의 세계로, 사람으로, 연인으로 바꾸는 특별한 방법이다. 누군가에게는 일거리인 독서가 위대한 모험이 되는 길이다.

01

제1독 문법 독서:
관찰하고 기억하기

"사연을 듣기 전에 대답하는 자는 미련하여 욕을 당하느니라" –솔로몬[25]

모든 저자는 천지를 창조했다. 그들은 세계를 만들었다. 문학의 저자는 있을 법한 가상의 세계를 창조했고, 사상의 저자는 복잡하게 얽힌 세상의 실타래를 풀어서 하나의 원리로 움직이는 세계를 하나씩 끄집어냈다. 역사의 저자는 지난날의 세계를 자신의 눈으로 다시 그려냈다. 그들 모두 새로운 세계의 창조주다. 『걸리버 여행기』의 릴리풋도, 『국부론』에서 주장하는 부유한 국가도, 『뜻으로 본 한국역

25• 『성경전서 개역한글판』, 대한성서공회, 잠언 18:13.

사』가 말하는 고난의 민족도 모두 그들이 그려낸 세계다.

책은 하나의 세계다. 정글 속에 숨겨진 미지의 세계와 같다. 독서는 그 세계를 탐험하는 것이다. 미지의 세계와 교류하려면 가장 중요한 것은 무엇인가? 두말할 것 없이 언어 소통이다. 그 세계의 언어를 습득하는 것이 가장 기본이다. 1653년 8월 일본에 가던 길에 배가 난파되어 제주도에 밀려온 하멜(Hendrick Hamel) 일행도 마찬가지 상황이었다. 중국인도 아니고 일본인도 아닌 낯선 사람들 속에 던져진 그들은 상황을 파악할 수가 없었다. 말이 통하지 않았다. 조선인의 행동 하나하나가 두려움의 대상이었다. 어느 날 사람들이 밧줄을 들고 오자 '이제 죽었구나' 하며 절망했다. 하지만 난파선 주위에 흩어진 것들을 모아서 묶어두기 위한 것이었다. 이런 긴장된 상황은 조금씩 언어가 소통된 후에야 잦아들기 시작했다.

낯선 세계, 낯선 사람들을 만났을 때 그들의 언어를 이해하는 것이 가장 시급한 일이다. 그 나라 언어를 모르면 자기 방식대로 상대를 이해하다가 숱한 오해에 빠지게 된다.

우리말로 된 책을 읽어도 책 속의 언어는 다시 배워야 한다. 저자는 나름의 방식으로 언어를 제한하고 재창조하기 마련이다. 『어린 왕자』의 세계에 들어왔다면, '길들이다'나 '소유하다'의 의미를 다시 생각해야 한다. 현실세계에서는 부정적인 의미로 쓰여지는 말들이 새로운 의미를 갖기 때문이다.

삼중 독서의 첫단계는 문법 독서다. 낯선 세계의 언어를 있는 그대로 받아들이는 단계다. 자신의 선입견, 해설서들의 고정관념을 던져버리고 그 세계 사람들과 직접 부딪히는 시간이다. 인문교육에서 문법 단계는 사물을 있는 그대로 본다. 분석하거나 평가하거나 반박하지 않는다. 있는 그대로 듣는다. 어학공부에서 주로 '듣기'에 해당되는 부분이다.

소통에서 듣기가 제일 어렵다. 우리는 언제나 듣기보다 따지고 반박하기 좋아한다. 부끄러워 말을 못할 뿐 속으로는 귀를 막고 있다. 판단부터 내린다. 못된 습성이다. 독서에서도 똑같은 버릇이 나온다. 위대한 독서의 첫걸음은 저자가 만든 세계를 존중하고 그의 이야기를 듣는 것이다. 새로운 세계를 여행하는 것이다. 옆에 앉아서 그가 보는 대로 세상을 함께 보는 것이다. 마주 앉아 토론하는 것은 한참 후에 할 일이다. 우선 주체인 나의 주장을 내려놓고 객체인 사물에 집중한다. 책에 집중한다. 판단의 욕망을 내려놓고 경청한다. 관찰하고 기억한다. 큰 공부 큰 사람의 길을 가르치는 『대학(大學)』에서도 지식에 이르는 것은 자기를 주장하는 것이 아니라 사물 자체를 탐구하는 데 있다고 했다(致知在格物).

인문교육에서 문법을 가장 먼저 가장 어린 나이에 가르친 것은 다 이유가 있다. 아이는 상대의 이야기를 있는 대로 받아들인다. 외국어를 쉽게 배우는 것은 다 그 때문이다. 어른들은 따져야 직성이 풀린다. 외국어를 따지면서 접근하면 머리에만 머문다. 몸에 들어오지 않는다. 뜻도 모른 채 흥얼거리고 흉내내고 외우면서 깔깔거리는 아이들이 외국어를 잘 배운다. 어른들은 자기가 안 되니까 언어의 시작이 논리인 것처럼 착각한다. 그것은 몸과 마음이 굳어버린 어른들

이야기다. 세살 짜리 아이가 '한국을 빛낸 100명의 위인들'이라는 노래를 신나게 흥얼거린다. 자주 듣다보니 어느새 외워버렸다. 어른들은 아무리 끙끙거려도 못하는 것을 아이가 해낸다. "황금을 보기를 돌같이 하라 최영 장군의 말씀 받들자"는 가사를 그 아이가 논리적으로 이해했는가? 있는 그대로 받아들였을 뿐이다.

문법 독서는 듣는 시간이다. 막연히 듣는 것이 아니라 뼈대와 원칙을 듣는다. 어떤 언어를 배울 때 복잡해 보여도 딱 두 가지만 알면 끝이다. 어순(語順)과 어휘(語彙)다. 언어 훈련이란 결국 어순 훈련과 어휘 훈련이다. 기본 어순과 어휘를 체계적으로 묶어서 '문법'이라 한다.

문법 독서는 저자가 보여주고 싶어하는 세계의 뼈대와 원칙을 듣는다. 책을 하나의 언어로 본다면 문법은 무엇인가? 저자는 하고 싶은 말(어의, 語義)이 있고, 그 말을 하는 순서(어순)가 있고, 그 말에 사용하는 단어(어휘)가 있다. 그렇다면 문법은 다음의 세 가지다.

1 · 하고 싶은 말(어의): 이야기 주제

2 · 말하는 순서(어순): 개요

3 · 사용하는 단어(어휘): 키워드

문법 독서란 결국 이 세 가지를 듣고 정리하고 기억하는 것이다. 첫 번째로 읽으면서 개요를 파악하고, 이야기를 요약하고, 색인으로 키워드를 정리하는 것이다. 이 셋은 별도 작업이 아니라 문법 독서 단계에서 동시에 진행하는 작업이다. 각 작업에 대한 설명을 참고한 후에 책을 읽으면서 노트하면 된다.

문법 단계에서는 되도록 소리 내어 읽는 것이 좋다. 이야기를 처음 접할 때 소리 내어 읽게 되면 낯선 이야기와 소리가 연결되면서 내용을 더 잘 기억하고 받아들이게 된다. 글을 처음 읽는 아이들이 누가 시키지 않아도 소리내며 읽는 것은 그 때문이다. 외국어를 처음 배울 때 흥얼거리며 외우는 것이 중요한 이유도 마찬가지다. 문법 독서는 책의 언어를 있는 그대로 받아들이고 그것에 익숙해지는 단계다. 소리 내어 읽는 즐거움을 더하면 더 풍성한 시간이 된다. @

문법 1

개요 파악

> "공부를 하려면 반드시 큰 틀을 먼저 세우고, 그 안에서 작은 면들을 둘러야 견고해진다. 요즘 사람들은 큰 틀을 세울 줄 모르고 작은 것들만 묻고 있으니 되는 일이 없다." –주자

책을 잘 읽는 방법 하나는 책 쓰는 방법을 알고 읽는 것이다. 잘 쓰는 방법을 뒤집으면 잘 읽는 방법이 된다. 아리스토텔레스는 『시학』에서 글쓰는 여정을 다음과 같이 설명했다.

> "이야기할 주제가 이미 있던 것이든 창작한 것이든, 먼저 전체 개요를 그린 다음에 에피소드를 덧붙여서 발전시킨다."

저자는 이야기할 주제를 정하고, 뼈대를 세우고, 살을 붙인다. 한 권의 책이 만들어진다. 그 책을 읽는 독자는 가장 먼저 살이 붙은 이야기를 만난다. 잘 읽는 독자는 표면에 머물지 않는다. 이야기를 이

루는 뼈대인 개요를 파악한다. 그러면 결국 주제에 도달할 수 있다. 헨리 데이비드 소로의 말대로 "책이 쓰여질 때처럼 계획적으로 신중하게 책을 읽어야 한다." 개요를 파악하는 것이 제대로 읽는 여정의 출발이다.

저자의 목차를 여행의 지도로 삼는다

개요 파악은 크게 두 단계로 진행된다. 우리가 일상에서 해외 여행을 하는 것과 별로 다르지 않다. 우리는 우선 지도를 본다. 그리고 실제 여행지에 가서 장소별로 돌아다닌다. 책이라는 세계를 파악하는 첫걸음도 지도를 보는 것이다. 우선 저자가 제시한 목차(차례)를 천천히 살펴본다. 문법 단계에서 개요 파악은 저자의 구분을 최대한 존중한다. 목차는 저자가 알려주는 이야기 개요다. 필요하면 아예 암기하는 게 좋다.[26] 물론 저자의 뜻과 성취를 제대로 파악하려면 이야기 구조를 재구성해서 분석하는 것이 필요하다. 하지만 지금은 아니다. 나중에 책 내용을 충분히 파악한 후에 논리 독서 단계에서 할 일이다. 예를 들어 버트런드 러셀(Bertrand Russell)은 『서양철학사』에서 플라톤의 『국가』를 재구성했다. 10권을 주제별로 묶어서 더 높은 차원의 개요 1단계를 만들었다.

26• 역사에 관련된 책이라면 목차에 연대와 장소를 더해서 숙지하면 좋다.

1부: 이상 국가의 구조(1~5권)

2부: 철학자의 정의(定義)(6~7권)

3부: 여러 정치제제의 장점과 단점(8~10권)

좋은 구성이다. 더 선명해졌다. 하지만 책의 문을 여는 문법 단계에서 곧바로 이렇게 나눌 수는 없다. 그런 부담을 가질 필요도 없다. 처음에는 저자가 제시한 목차를 중심으로 개요를 파악하는 것이 더 좋다.[27] 작가의 안내에 따라 더 잘 읽는 방법이다. 목차 페이지에 오래 머물러 있으면서 이야기가 어떻게 진행되는지 본다. 시간순인가? 아니면 주제별인가? 서론-본론-결론의 구성이 있는가? 목차 구성을 하나의 이야기처럼 생각하고 읽어본다. 각 목차들 속에서 어떤 그림이 펼쳐질지 상상해본다. 목차는 몇 단계까지 구성되어 있는가? 개요는 보통 3단계가 적당하다. 책에 따라 더 깊게 나눌 수도 있지만 너무 깊으면 한눈에 정리가 안 된다. 하위 단계에 다양한 내용이 있더라도 3단계 정도로 묶어서 생각하는 것이 좋다.

예를 들어보자. 윤동주 연구의 고전인 『윤동주 평전(송우혜 지음)』이 있다. 저자는 목차에서 큰 틀을 이렇게 나누었다. 개요 1단계다.

제1장 시인의 출생

27• 저자의 "목차"와 독자의 "개요"를 구분하는 이유는, 독서가 깊어지면 저자의 목차에 의존하지 않고 독자가 이야기 구조를 재구성해서 새로운 개요를 만들 수 있기 때문이다.

제2장 지사들의 마을 명동

제3장 해란강의 심장 용정

제4장 송몽규 이야기

제5장 평양에서 보낸 7개월

제6장 다시 용정으로 돌아오다

제7장 젊음의 정거장, 서울 연희전문학교

제8장 6첩방의 고장, 일본

제9장 체포, 재판, 복역, 옥사

제10장 시인윤동주지묘

제11장 민족시인의 영광

윤동주의 출생과 부모를 이야기하는 제1장은 다시 두 부분으로 나뉜다. 개요 2단계다.

| 제1장 시인의 출생 |

1 · 제1차 세계대전 중에 태어난 아기

2 · 윤동주의 가계

저자는 여기까지 목차를 구분했다. 시간순으로 윤동주의 시와 인생을 이야기한다.

구체적인 목차와 소제목이 없는 책들도 있다. 하지만 잘 찾아보면 다른 형태로 개요의 실마리를 발견하게 된다. 예를 들어 『소크라테스의 변론』에서 소크라테스는 이야기를 시작하면서 앞으로 다룰 내용의 큰 그림을 그려준다.

> "아테네인 여러분! 저로서는 먼저 저에 대한 최초의 거짓된 고발과 최초의 고발인들에 대해서 변론을 하고, 그런 연후에 나중의 고소와 나중의 고소인들에 대해서 변론을 하는 것이 옳겠습니다."[28]

최소한 두 가지 고발에 대한 변론으로 책의 구조를 나눌 수 있다는 뜻이다. 이런 실마리조차 없을 때는 앞서 '지식의 향연' 단계에서 빠르게 통독하며 정리한 줄거리를 참고해서 임시로 큰 개요를 구분한다. 소설에서는 목차의 뜻이 분명하지 않을 때가 많다. 일단 주어진 것을 기본으로 숙지한 후에 발단-갈등-절정-대단원 같은 문학적인 구조가 있을 것을 기다리면서 읽어간다.

목차별로 읽고 단락별로 정리한다

목차를 충분히 살폈다면 개요 파악 두 번째 단계로 간다. 각 부분별로 무슨 이야기를 하는지 파악한다. 지도를 보았으니 이제 여행지

28• 플라톤, 박종현 옮김,『에우티프론, 소크라테스의 변론, 크리톤, 파이돈』, 서광사, 100~101쪽.

거리에 직접 가보는 것이다. 목차에 따라 책을 읽는다. 목차 제일 아래 소제목별(기본 개요 최하위 단계별)로 나누어 읽는다. 앞서 살펴본 『윤동주 평전』이라면 "제1장 시인의 출생"에서 "① 제1차 세계대전 중에 태어난 아기" 부분을 읽고 정리한 다음에 "② 윤동주의 가계" 부분을 읽고 정리하는 식이다.

소제목별로 읽은 후에 내용은 어떻게 파악하고 정리할 수 있을까? 가장 쉬운 방법은 간단하게 줄거리를 정리하는 것이다. 다시 말해서 목차별로 읽고 목차별로 정리하는 것이다. 전체 윤곽을 보는 방법으로 나쁘지 않다. 나중에 목차별 줄거리들을 종합하면 전체 줄거리도 요약할 수 있다. 하지만 이것은 수박 겉핥기가 되기 쉽다. 핵심을 못 보고 겉도는 느낌만 정리할 위험이 있는 것이다. 책 내용이 어려우면 그 느낌마저 정리하기 어렵다. 더구나 우리는 이미 '지식의 향연'에서 빠른 통독으로 전체 윤곽을 본 상태다. 뭔가 더 깊이 들어가는 방법이 필요하다.

옛사람들의 지혜가 여기서도 빛난다. 전체를 정복하고 싶다면 나눠서 정복해야 한다(Divide and Conquer). 알렉산더 대왕의 아버지로 잘 알려진 필리포스 2세 같은 통치자는 물론이고 데카르트 같은 철학자까지 실천했던 지혜다. 소제목의 내용을 파악하고 싶다면 더 나눠야 한다. 소제목은 개요의 끝이 아니다. 소제목 아래 본문으로 들어가면 저자가 빚어놓은 작은 이야기 덩어리들이 있다. 단락(문단)이다. 저자는 글을 쓰면서 잠시 숨을 고를 때 단락을 구분했다.[29] 작은 이야기 단위다. 문법 단계 독서에서는 저자의 목차와 함께 단락까지 이야기의 뼈대로 보고 개요를 파악한다. 목차가 큰 개요라면 단락별 정리는 상세 개요라고 할 수 있다. 목차별로 읽고 단락별로 정리한다.

긴 시간이 필요한 독서의 길이다. 왜 단락별로 정리까지 하면서 읽어야 하는지 의문이 생길 수 있다. 독서와 공부의 기본 단위는 원래 단락이다. 만약 스승이나 공동체와 함께 모여 단락별로 읽고 파고들 수 있다면 최고의 공부가 될 것이다. 옛날 왕의 공부는 그런 식이었다. 왕이나 세자 앞에서 학문을 강의하던 것을 진강(進講)이라 하였다. 예를 들어 세자의 공부를 살펴보면 스승이 먼저 경전을 읽고 세자가 따라 읽은 후에 설명과 질문이 오가는 식이었다. 공부는 단락별로 진행되었다. 왕만 이런 것이 아니다. 아이가 동화책을 읽으면서 아빠 엄마와 이야기하는 것도 자세히 보면 한 호흡의 단락별 공부다. 단락은 호흡의 단위이며 생각의 단위다. 단락별 공부는 왕

29• 단락은 흔히 형식단락과 내용단락으로 구분한다. 형식단락은 우리가 흔히 보는 대로 줄 바꾸기와 들여쓰기로 명확하게 구분된 단락이다. 글을 읽고 잠시 쉬어가는 작은 토막으로 보면 된다. 내용단락은 보통 더 큰 범위로 하나의 주제 덩어리를 이루는 단락이다. 사실 내용단락과 형식단락이 일치하면 주제 구성과 전달되는 호흡이 같아서 글이 더 좋아진다. 형식이니 내용이니 하며 헷갈리는 구분을 할 필요도 없다. 하지만 글쓴이마다 특성이 있고 단락 이론에 대한 학자들의 의견도 달라서 이런 구분을 알고 있는 것이 좋다. 보통 하나의 내용단락이 여러 개의 형식단락으로 구성된다고 보면 된다. 쉽게 말해서 전세계 국가(國歌) 노랫말 책이 있다고 하면, 애국가는 하나의 내용단락이고, 애국가의 각 절은 형식단락이라고 할 수 있다. 실제 독서에서 내용단락은 한눈에 정확하게 묶어서 보기가 어렵고 읽는 사람마다 구분이 다를 수 있다. 또한 책을 어느 정도 읽어야 파악할 수 있다. 삼중 독서법에서 말하는 단락별 정리는 누구나 명확하게 볼 수 있는 형식단락별 정리다.

의 공부다. 혼자 읽을 때 단락별로 정리하면서 읽으면 더 깊이 들어갈 수 있다. 단락별 정리는 빨리 끝낼 숙제가 아니라 천천히 할수록 좋은, 깊은 배움의 시작이다. 정약용의 말을 새겨들을 필요가 있다.

> "만약 그 책이 백성과 나라에 도움이 된다면 단락마다 이해하고 구절마다 연구하며 읽어야 마땅하다. 한낮에 졸지만 않으면 그만인 듯이 읽어서는 안 된다."

핵심을 찾는 것이 요약이다

단락별 상세 개요는 어떻게 파악하고 정리할 수 있을까? 어렵게 생각할 것 없다. 핵심 문장을 찾으면 된다. 중요해 보이는 말을 가려 뽑는 것이다. 단락별로 핵심 문장을 찾고 정리하는 것을 다른 말로 요약이라고 한다. 많은 사람들이 요약을 오해한다. 모든 내용을 쑤셔 넣고 크기를 줄이는 작업으로 생각한다. 코끼리를 냉장고에 넣는 식으로 요약을 생각하기 때문에 어렵고 부담스럽게 느낀다. 요약은 압축이 아니라 삭제다. 무작정 크기를 줄이는 게 아니라 핵심만 남기고 모두 버리는 것이다. 어떤 것을 버린 후에 핵심까지 버린 것이 드러나면 그때 보충하는 것이지 다 넣고 눌러서 압축하는 것이 아니다. 완전한 요약이란 그런 것이다. 생텍쥐페리의 말대로 "완전함이란 더 이상 덧붙일 게 없는 상태가 아니라 더 이상 버릴 게 없는 상태"다.

과감하게 버리려면 무엇이 중요한지 알아야 한다. 요약의 열쇠는 이야기의 핵심을 찾는 것이다. 방법은 단순하다. 전체를 읽으면 반복되는 단어들이 보이고, 반복되는 단어들을 뒤적이면 키워드(핵심 단어)가 보이고, 키워드를 따라가면 핵심 문장이 보인다. 단락별 요약은 단락별 핵심 문장을 찾는 것이다. 놀라운 신비가 아니다. 낯선 세계에서 낯선 언어로 소통해야 하는 이방인에게는 이 방법밖에 없다. 반복되는 단어를 찾아내고 그 단어가 등장하는 문장에 귀를 기울이는 것 말고 무엇이 있겠는가? 함석헌의 『뜻으로 본 한국역사』에 나오는 단락을 하나 보자.

> "다음은 일(事實)이라는 말이다. 지나간 일을 기록한다 하지만 지나간 날에 있었던 모든 일들을 그대로 다시 그려 놓는 것이 역사는 아니다. 우선 그것은 될 수 없는 일이다. 지나간 10년간의 일을 다시 나타내려면 적어도 10년의 세월이 들어야 할 것이, 그렇다면 역사는 영 쓸 수 없는 일이다. 또 설혹 될 수 있다 하더라도 그것은 필요 없는 일이다. 가령 예를 들어 말하면, 전에 살았던 김 아무개 이 아무개의 이름을 다 빼지 않고 적고 그 생김생김이 어떻고 몸맵시가 어떠했다는 것을 아무리 자세히 그린다 하더라도 그것은 거의 한 푼어치 값이 없다. 그 까닭은 그것은 우리의 지금 살림과 아무 관련이 없기 때문이다."

이 단락은 "역사의 정의"라는 소제목이 붙은 목차에 들어 있다. 목차 하나를 통독하면, 반복되는 단어가 보이게 마련이다. 키워드일 가능성이 높다. 여기서는 "역사", "기록" 같은 단어가 반복된다. 위의 단락에서 키워드를 눈여겨보면서 저자의 최종 생각이 들어 있는 핵심 문장을 찾는다. 화려한 포장지를 벗겨내고 또 벗겨내면 마지막으로 남는 것이다. 대개 주장[30], 사실, 근거(논거)를 말하는 문장이 핵심 문장이다. 설명, 예시, 나열, 인용 등은 핵심을 잘 전달하려고 덧붙이는 것이다. 지나쳐도 된다. 그렇다고 무슨 만고불변의 법칙이 있는 것은 아니다. 최후에 남는 것이 핵심일 뿐이다. 위의 단락에서 핵심 문장은 쉽게 드러난다.

> "지나간 날에 있었던 모든 일들을 그대로 다시 그려놓는 것이 역사는 아니다."

이 문장 그대로 단락의 요약문으로 써도 괜찮다. 핵심 문장이 분명할 때는 접속어 같은 문장의 군더더기만 없애면 요약문으로 충분하다. 물론 더 다듬고 줄이면 다른 요약 내용들과 종합하기 좋다.

30• 이 책에서는 이해하기 쉽게 '주장'이란 말을 자주 사용한다. 모든 책은 주장을 담고 있기 때문이다. 정확히 말하면 '명제적 주장'이다. '명제(命題, proposition)'는 옳고 그름을 판단할 수 있는 진술을 말한다. 판단과 증명의 과정을 통과해야 명제는 비로소 법칙이 되고 사실이 된다. 그런 면에서 강하고 노골적인 주장뿐 아니라 담담한 사실 진술도 아직은 하나의 주장이다. 직접적인 주장 진술은 보통 "~해야 한다(~하면 안된다)"는 식으로 나오고, 사실 진술은 "~이다(~아니다)"로 나온다. 누구나 아는 일반적인 사실(상식)이나 전제 사항은 핵심으로 선택할 필요가 없다. 그 위에서 전개된 주장을 핵심으로 찾아야 한다.

"역사는 지난 일들을 모두 기록하는 것이 아니다."

아쉽지만 핵심 문장이 늘 이렇게 한 문장으로 깔끔하게 놓여 있을 리는 없다. 핵심 문구들이 여기저기 흩어진 경우가 있다. 때로는 핵심 문장이 하나 이상일 수도 있다. 어떻든 결국 모아서 한 문장으로 만들어야 한다. 아무리 봐도 직접적인 문장이 없다면 전체 방향에 맞게 새로 구성해야 한다. 어느 쪽이든 저자의 이야기와 키워드를 최대한 그대로 살리고 내 생각을 덧붙이지 않는 것이 중요하다. 이런 식으로 각 단락을 읽고 핵심 문장을 찾아서 상세 개요를 정리한다. 단락 상황에 따라 핵심 내용이 길어지는 경우가 있겠지만 각 요약문은 한 문장으로 만드는 것이 좋다. 아직 책 내용을 완전히 이해한 상황이 아니기 때문에 핵심 문장을 찾는 것이나 요약문으로 다듬는 것이 어려울 수 있다. 지금 단계의 목표는 완전한 이해와 요약이 아니다. 간단한 개요를 만드는 것이 목표다. 낯선 세계의 언어와 어휘를 수집하는 것이 목표다. 투박해도 좋다. 단락 속의 많은 말들 중에서 중요한 말을 녹취하겠다는 생각으로 정리하면 된다. 나중에 다시 깊이 살펴볼 기회가 있다. 이해되지 않는 말이 있어도 핵심 같아 보이면 그대로 담아서 정리한다.

앞서 목차를 살펴보았던 『윤동주 평전』에서 "제1장. 시인의 출생" – "제1차 세계대전 중에 태어난 아기"에 나오는 단락들을 각각 정리해서 단락별 상세 개요를 만들면 다음과 같다.

1 · 대한제국이 누렸던 명예롭지 못한 평화는 곧 민족 전체를 재앙에 빠뜨렸다.

2 · 그 어두운 재앙의 시기에 신은 우리에게 한 시인을 보내주었다.

3 · 1917년이었다.

4 · 북간도의 조선인들은 백태(흰콩) 농사를 열심히 지어서 구라파로 수출했다

5 · 제1차 세계대전 중이었는데 사람들은 구라파(유럽) 전쟁이라고 불렀다.

6 · 그 전쟁은 최초의 세계전쟁이었다.

7 · 그 전쟁 때문에 북간도 백태의 구라파 수출이 잘 되었다.

8 · 사람들이 백태로 돈을 많이 벌었지만, 윤동주의 집은 원래 부자였다.

9 · 사람들의 삶이 모이면 역사가 되는데 백태 농사는 "만주가 유럽의 곡식 창고 역할을 했다"는 문구로 역사책에 남아 있다.

10 · 북간도 명동 학교촌의 윤하현 장로댁은 백태보다 외아들 윤영석 부부의 잉태가 경사였다.

11 · 1917년 12월 30일 윤동주가 태어났다…

상세 개요 목록을 하나의 통합된 요약문으로 만들고 싶은 마음도 있을 수 있다. 나중 단계에서는 그런 통합이 필요하지만 문법 단계

에서는 아니다. 지금은 단락별로 개요를 파악하는 것이 목적이다. 통합까지 생각하면 시간이 더 걸리고 나중에 저자의 주장과 논리를 분석할 때 혼란스럽게 된다. 만들기 쉽고 다루기 편한 목록 형태가 좋다. 목록으로 정리하면 특정한 단어나 흐름의 변화가 잘 보인다. 이런저런 메모를 덧붙이기도 좋다.

대화 장면은 넓게 보고 정리한다

문법 단계에서는 저자의 목차와 단락 구분을 최대한 존중하지만 소설 같은 대화체 본문이 나오면 변화를 주어야 한다. 배경이나 상황 묘사는 단락별로 정리할 수 있지만 대화가 오가는 장면을 일일이 정리하면 너무 복잡해진다. 이때는 범위를 넓게 잡는다. 대화 주제나 사건 변화에 맞게 여러 단락을 묶어서 덩어리로 요약한다. 필요하면 목차 소제목 전체를 묶을 수도 있다. 또한 요약 방식도 달라야 한다. 대화를 주고 받는 방식으로 요약하지 말고 대화하는 사람별로 내용을 묶어서 정리해야 이야기 줄기가 보인다. 한 사람이 절대적으로 주도하는 대화라면 그의 말을 요약 뼈대로 삼는다. 문학적인 맛은 줄어들지만 상황을 종합해서 전달하는 관찰자의 눈으로 보고서를 쓰듯이 정리하는 것이 좋다.

플라톤의 『국가』가 그런 경우다. 『국가』는 권별(요즘 분량으로 보면 장별) 구분만 있다. 목차 구분도 없고 소제목도 없다. 내용은 훌륭하지만 구성은 불친절한 책이다. 더구나 소설처럼 대화체다. 독자의 수고가 더 필요할 수밖에 없다. 『국가』 권별로 제목을 달아 짧게 1단계 개요를 만들면 다음과 같다.

1 · 정의(올바름)란 무엇인가?

2 · 정의의 본질과 국가

3 · 수호자 기본 교육

4 · 정의로운 삶

5 · 이상국가의 공동체성

6 · 철인(哲人) 통치자

7 · 선의 이데아와 수호자 심화 교육

8 · 타락한 정치 체제

9 · 지혜를 사랑하는 자의 즐거움

10 · 시인 추방과 영혼 불멸

단계를 더 내려가서 1권(정의란 무엇인가?)의 내용을 구분하면 다음과 같다.

1 · 정의란 무엇인가?

· 케팔로스와의 대화: 정의란 무엇인가?

· 폴레마르코스와의 대화: 정의란 '각자에게 갚을 것을 갚는 것'인가?

· 트라시마코스와의 대화: 정의란 '강자의 이익'인가?

1권 전체를 읽어보면 토론 상대가 달라지는 것을 볼 수 있다. 토론 상대별로 묶었다. 2단계 구분이다. 마지막 단계에는 단락별로 정리한 상세 개요가 들어간다. 폴레마르코스와의 대화 부분을 정리하면 다음과 같다. 『국가』는 대화체로 구성되어 있기 때문에 주제 변화에 따라 단락을 몇 개씩 묶어서 요약하고 상세 개요를 정리한다.

2 · 폴레마르코스와의 대화: 정의란 '각자에게 갚을 것을 갚는 것'인가?

- 폴레마르코스(주장): 각자에게 갚을 것을 갚는 것이 정의다.
- 소크라테스(반론): 상대가 제정신이 아닌 상태로 반환을 요구할 때는 되돌려주어서는 안 되는데 그렇다면 갚을 것을 갚는다는 말이 문제가 된다.
- 폴레마르코스(주장): 친구와 적을 구분해야 하며 정의는 친구에게 이득을 주고 적에게 손해를 입히는 기술이다.
- 소크라테스(반론): 정의가 이득과 손해를 주는 기술이라면 분야별 전문가가 더 유능하고, 정의로운 사람은 전쟁에서 유능할 뿐이며, 다른 분야에서는 각각의 것을 쓰지 않고 맡겨놓을 때만 정의가 쓸모있으므로, 정의는 중요한 것이 아니다. 또한 병을 고치는 데 능한 의사가 병을 생기게 하는 데도 능한 것처럼, 정의로운 사람이 간수하는 데 능하다면 훔치는 데도 능하기에 정의는 일종의 도둑질 기술이 된다.
- 폴레마르코스(주장): 나도 혼란스럽기는 하지만, 정의가 친구를 이롭게 하고 적을 해롭게 하는 것은 맞다.

· 소크라테스(반론): 많은 사람들이 잘못 판단하고 친구를 못된 사람으로 여겨서 해롭게 하고 적을 착한 사람으로 여겨서 이롭게 하는 것을 정의롭게 생각한다.

· 폴레마르코스(주장): 친구와 적을 다시 규정하면 되는데, 실제로 좋은 친구는 이롭게 하고 실제로 나쁜 적은 해롭게 하는 것이 정의다.

· 소크라테스(반론): 정의는 인간적 훌륭함(덕)이기 때문에, 훌륭한 사람이 훌륭함을 가지고 해를 입혀서 사람을 나쁜 사람으로 만들 수 없으며, 누구에게 해를 입히는 것은 불의한 사람의 기능이고 어떤 경우에도 정의롭지 않다.

소크라테스는 직접적으로 자기 주장을 펴지 않고 질문을 통해 상대의 모순과 각성을 유도한다. 두 사람의 말과 생각이 엉켜 있다. 목차별로 읽고 단락별로 정리하는 방법이 이곳에서도 힘을 발휘한다. 전체를 읽으면 어떤 주장이 반론으로 무너지는 상황인 것을 알 수 있다. 각 역할을 맡은 인물을 따라 폴레마르코스-소크라테스로 구분해서 정리한다. 단락별로 보면 대화의 핵심과 변화를 볼 수 있다.

독서노트를 활용한다

개요 파악을 어디에 기록할 것인가? 별도 독서노트에 기록한다. 거기가 제일 좋다. 다만 책을 그냥 두면 아깝기 때문에 보조적으로 활용한다. 책은 휴대용 독서노트의 역할을 톡톡히 한다. 본문을 바로 찾아볼 수 있어서 강력하다. 개요 파악에서는 책의 목차 페이지를 활용하면 좋다. 수시로 목차 페이지를 오가면서 이야기 구조를 참고하고 간단히 메모를 하면 숲을 보는 데 도움이 된다. 예를 들어 오비디우스(Ovidius)의 『변신 이야기』 목차 페이지에는 특별한 설명이 없지만 이야기는 시간 순서다. 제일 앞에는 "천지창조", 끝에는 "아우구스투스 시대"라고 메모할 수 있다. 태양 수레를 모는 파에톤 이야기에는 간단한 줄거리와 함께 "자만, 과욕"이라는 주제를 더할 수 있다. 물론 실제적인 정리는 독서 노트에 한다. 책 앞부분 여백 페이지도 고려할 수 있지만 자세한 정리를 하기에는 부족하다.

독서 노트를 정리할 때 1~2단계 개요의 제목은 저자가 제시하는 것을 최대한 활용한다. 3단계에는 단락별로 정리한 상세 개요가 들어간다.[31] 단락별로 잠시 숨을 고르면서 왕의 공부처럼 핵심을 찾아 요약한 것이다. 책 분량에 따라 시간이 많이 걸릴 수 있다. 꼼꼼히 하는 것은 좋다. 하지만 모든 내용을 완벽하게 이해하고 지나가야 하는 것은 아니다. 깊은 분석과 고민이 필요하다면 본문에 표시하고 색인에 추가한 후 다음을 기약한다. 논리 단계에서 다시 찾아올 것이다. 지금은 운명처럼 빨려 들어온 신비로운 세계의 언어를 부지런히 수집하는 시간이다. 그 언어를 있는 그대로 듣는 것이면 충분하다. 우리는 먼저 지도를 본다. 그 다음에 실제 여행지에 와서 거리의

31 • 독서 노트에 개요 파악을 기록하는 예는 302쪽을 참고하기 바란다.

한 구역(block)을 훑어보고, 각 상점마다 멈춰서서 주인장의 말을 듣는다. 자주 반복되는 키워드를 눈여겨 보고, 그들이 말하고 싶어 하는 핵심 문장을 찾는다. 그렇게 한 구역의 건물마다 사람들 이야기를 듣고 목록을 만들고 나면 다음 구역으로 간다. 그렇게 여행지를 모두 돌아본다.

다시 말하지만 시간이 걸릴 것이다. 우리는 지금 가벼운 독서를 하는 것이 아니다. 깊은 독서는 훈련이 필요하다. 그냥 눈으로 읽는 독서로는 훈련이 되지 않는다. 반짝이는 문장만 찾아다니며 고개만 끄덕이는 것은 옛 스승들의 길이 아니다. 단락 단락을 꼼꼼하게 살펴야 훈련이 된다. 저자의 말에 집중하는 과정이 된다. 나중에 모든 과정이 몸에 완전히 배면 상황에 따라 어떤 부분은 묶어서 진행하거나 생략할 수 있다. 그것은 고수가 된 훗날의 일이다. 치열한 훈련 과정을 생략하고 고수가 되는 길은 없다. 물론 고수가 되었다고 훈련을 내팽개치는 고수도 없다.

독서의 감동은 표면에 굴러 다니지 않는다. 땅 밑에 흐르는 물줄기를 따라가야 저자의 보물이 있다. 표면의 감동은 해가 뜨면 증발한다. 지금은 이해가 안 될 수도 있지만 한걸음씩 가다보면 그 힘과 기쁨을 깊이 맛보게 될 것이다. @

문법 2

어휘 색인

"어떤 책을 펴면 거기 들어 있는 본받을 만한 좋은 말과 착한 행실 중에서 『소학』에는 없지만 『소학』에 더할 만한 것이 있다면 가려 뽑는다." -정약용

"공자 선생님의 인생과 가르침은 진실과 관용이라는 주제로 연결되어 있다." -증자

책의 언어 체계를 속시원히 알려면 개요를 파악하면서 동시에 진행할 작업이 있다. 색인(또는 '찾아보기', index)을 만드는 것이다. 색인을 따분한 작업, 없어도 되는 작업으로 오해하는 사람들이 있다. 가끔 우리말 번역서들 중에서 원서의 색인을 아무 말 없이 빼버리는 경우를 만날 때마다 재차 확인하는 편견이다. 철저한 색인 작업이 어려운 것은 사실이지만 색인을 소홀히 하면 독서가 죽는다.

색인은 책과 나의 대화 기록이다. 책과 주고받은 대화창의 캡처

화면이다. 사랑을 속삭인 여정이다. 컴퓨터의 검색 기능이 흉내낼 수 없는 영역이다. 책이 자주 하는 말, 어려운 말, 내가 관심있게 들은 말이 들어 있다. 속으로 생각한 질문까지 담을 수 있다. 그외에 얼마든지 창조적으로 기록할 수 있다. 색인의 고정 관념을 깨면 독서가 살아난다.

색인을 따로 모아 정리하면 하나의 이야기가 된다. 예를 들어 마블코믹스(Marvel Comics)의 만화를 원작으로 하는 영화에는 항상 코믹스 업계의 살아 있는 전설인 스탠 리(Stan Lee)가 카메오로 등장한다. 만약 그가 등장하는 장면들을 색인해서 이야기를 만들면 어떻게 될까? 타임스퀘어 광장에서 손녀딸과 함께 스파이더맨을 보고, 헐크가 때려부수는 연구소와 캡틴 아메리카의 유품이 전시된 박물관에서 경비를 서는 신비한 할아버지의 이야기가 될 것이다. 색인은 이런 힘을 갖고 있다.

색인은 책 한 권의 세계를 넘어 거대한 우주와 책을 연결하는 다리 역할도 한다. 정약용은 효제(孝悌, 효도와 공손함)가 학문의 근본이라고 생각했기 때문에 책을 읽을 때마다 관련 구절이 있으면 따로 베껴 썼다. 자녀들에게도 그렇게 하기를 권했다. 다양한 주제로 이런 작업을 했다. 이것을 초서(抄書)라 한다. 색인과 필사와 파일링의 결합이다. 정약용을 위대한 인문학자로 만든 열쇠다. 책과 책을 융합하여 저술 작업으로 이어지게 해주었다. 색인 만들기는 이 모든 작업의 기초다. 어렵게 생각할 것 없다. 책을 읽다가 책과 나 사이에 특별한 대화가 오가면 단순히 본문에 표시를 하는 데 머무르지 말고 별도 색인에 단어(또는 구절, 주제 등)와 페이지수를 기록하면 된다. 색인으로 정리할 수 있는 책과의 대화는 다음과 같다.

① 키워드를 색인한다

저자가 중요하게 생각하는 단어나 개념들이다. 외국어를 배울 때 가장 많이 쓰는 필수 어휘를 뽑아놓는 의미다. 색인 중에서 가장 중요하다. 책의 세계로 깊이 들어가려면 키워드와 중심 사상을 잘 알아야 한다. 색인을 하는 것이 가장 좋다. 편견이나 외부의 강요된 해석 없이 책 자체를 통해 저자의 뜻과 마음을 만나는 가장 좋은 방법이다.

처음에는 키워드를 명확히 알 수 없기 때문에 일단 반복되는 단어, 어려운 단어, 저자가 강조하는 단어를 색인한다. 특히 반복되는 단어는 잠재적인 키워드다. 그렇게 색인하면서 읽다보면 키워드의 윤곽이 드러난다. 물론 색인에서는 키워드만 가치있는 것이 아니며 사전적 뜻이 필요한 단순 어휘도 책을 잘 이해하는 데 도움이 된다. 책을 읽는 데 당장 지장을 주는 어휘가 아니라면 사전을 뒤적이며 시간을 보내지 말고 색인해놓고 계속 책을 읽는다.

『논어』라면 '학(學)', '인(仁)', '예(禮)' 같은 단어를 키워드로 볼 수 있다. 때로는 한 단어가 아니라 비슷한 뜻을 가진 단어들을 함께 모을 수도 있다. 『논어』에서 공자의 수제자 '안연(顔淵)'을 색인한다면 '안회(顔回)', '회(回)'등을 함께 모아야 한다. 『국가』를 읽는다면 '정의(올바름)'를 색인에서 빼놓을 수 없다. 『국가』는 "정의란 무엇인가?"라는 질문에 대답하는 책이다. 만약 소설이나 희곡 같은 문학을 읽는다면 추상적인 단어보다 인물, 사건, 상징 등을 키워드로 색인한다. 문학은 개념적인 단어와 명제적 주장보다 인물과 사건 중심으로 이야기한다. 예를 들어서 윌리엄 골딩의 『파리대왕』을 읽는다면 랠프(Ralph)는 문명과 희망을 나타내는 인물이다. 똑똑하고 예의바르고 매력적인 모습으로 등장했다가 무너진다. 이에 비해 잭(Jack)은 욕망과 폭력을 나타내는 인물이다. 반역하고 군림한다. 이런 인물과 사건을 키워드로 삼고 특징, 갈등, 변화 등을 따라 색인한다.

② 나의 관심 주제를 색인한다

독자가 관심있게 지켜보는 주제다. 지금 읽는 책 안에서 관심이 생긴 주제일 수도 있고 이전부터 관심 있던 분야에 지금 읽는 책을 연결시키는 것일 수도 있다. 『변신 이야기』에서 '만물의 기원', '신과 인간의 대결', '사랑의 고백', '금지된 사랑' 등을 색인하면 특별한 관점에서 책을 볼 수 있다. 정약용은 어떤 책을 읽든 늘 '효제' 관련 주제를 찾았다. 색인을 잘 만들어놓으면 나중에 어떤 주제 안에서 여러 책을 종합할 때 큰 도움을 받을 수 있다.

③ 좋은 구절을 색인한다

감동, 충격, 반발, 아픔 등 여러 이유로 주목한 구절이다. 구절이 나온 본문에 표시와 메모를 해놓고 색인에 모아놓으면 한눈에 보기 좋다. 참고로 '나의 관심 주제'와 '좋은 구절'에 색인한 것은 필사하거나 암송해서 보물로 간직할 수 있다.

④ 질문과 걸림돌을 색인한다

책을 읽으면서 찾아오는 궁금증과 숙제들을 모아놓는다. 일반적으로 색인이라면 단어 색인만 생각하기 쉽지만, 책과의 교감 속에서 다양하게 확장할 수 있다. 갑자기 떠오른 질문, 고민과 연구가 필요한 문제 등이 있으면 본문에 표시하고 색인한다.

문법 단계에서는 색인을 모아놓기만 하면 된다. 뜻을 파헤치고 문제를 푸는 것은 나중에 논리 단계에서 한다. 어떤 단어나 주제들이 강조되는지만 알면 된다. 처음 외국어를 배울 때 뜻이 낯설고 헷갈려도 중요한 어휘와 구문을 외워놓는 것과 같다. 때로는 읽다가 뒤에서 자연스럽게 뜻을 알게 되는 경우도 있다. 색인은 문법 단계에서 시작하지만 독서 전 과정에서 자연스럽게 계속된다. 책과 대화가 이어지는 한 색인은 멈추지 않는다.

색인은 어디에 기록하는 것이 좋을까? 색인은 책 자체에 하는 게 좋다. 책과 바로 연결되어서 좋고 정리하기에도 좋다. 색인은 책을 읽으면서 수시로 표시하기 때문에 더욱 그렇다. 책에 직접 색인하는 것이 독서노트보다 여러모로 편하다. 책 뒤에 있는 백지를 나만의 색인 자리로 쓴다. 감사하게도 색인이 있는 책이라면 책의 색인과 나의 색인을 상호보완해서 활용한다. 별도 노트에 색인을 기록하는 것도 장점이 있다. 깔끔해서 좋고 차후에 다른 책들과 색인을 연

결할 때도 좋다.[32]

사람 사이의 첫인상과 대화가 그렇듯이 색인도 책을 읽으면서 변한다. 처음 생각과 다른 단어들이 더 많은 색인을 요구할 때가 있다. 색인 단어의 구성을 처음부터 빡빡하게 정해놓지 말고 한 장(chapter) 정도 읽은 후에 확정하는 것이 좋다. @

32• 어휘 색인을 하는 예는 303쪽을 참고하기 바란다.

문법 3

이야기 요약

"『시경』의 시 3백 편을 한마디로 요약하면 '순수한 마음'이다." -공자

개요 파악과 어휘 색인을 하면 점점 가까워지는 곳이 있다. 저자의 심장이다. 저자는 하고 싶은 말이 있어서 이 모든 이야기를 하는 것이다. 주제, 줄거리, 플롯 같은 용어가 가리키는 것은 결국 "저자가 하고 싶은 말"이다. 일반적으로 주제는 저자가 전달하려는 중심 생각과 주장을 말하고, 줄거리는 이야기 전개의 골자를 말한다. 이 둘을 잘 정리해서 종합하면 이야기의 핵심이 나온다. 훌륭한 독자는 결국 그것을 집어낸다. 한마디로 말한다.

공자는 요약하는 사람이었다. 옛것을 좋아하고 익히고 전해주는 것을 사명으로 여겼던 공자는 읽은 것을 요약하고 하나의 원리로 엮어내는 일을 배움의 열쇠로 생각했다. 『논어』의 '문(文)'을 인문학으로 바꾸면 더 생생하게 다가온다.

"군자가 널리 인문학을 배우고 틀을 잡아 요약한다면 참된 길에서 벗어나지 않을 것이다."(君子博學於文 約之以禮 亦可以弗畔矣夫)

공자는 모범을 보였다. 방대한 『시경』을 한마디로 요약했다. "순수한 마음(思無邪)." 애틋한 사랑에서 땀흘리는 일터의 노래까지 민중의 이야기를 즐겼을 뿐 아니라 그 이야기의 중심을 짚고 있었다. 제자 안연은 스승인 공자가 언제나 자신에게 널리 배우는 것과 요약하는 것을 함께 가르쳤다고 고백한다.

친절하게 책을 직접 요약해주는 저자도 있다. 거기 얽매일 필요는 없으나 책을 파악하는 데 도움을 받을 수 있다. 『변신 이야기』를 시작하면서 오비디우스는 말한다.

"새로운 몸으로 변신한 형상들을 노래하라고 내 마음 나를 재촉하니, 신들이시여, 그런 변신들이 그대들에게서 비롯된 만큼 저의 이 계획에 영감을 불어넣어주시고, 우주의 태초로부터 우리 시대까지 이 노래 막힘 없이 이어질 수 있도록 인도해주소서."[33]

'변신'이라는 주제와 '신들에게서 비롯된 변신이 태초부터 오비디

33• 오비디우스, 천병희 옮김, 『변신 이야기』, 숲, 24쪽.

우스의 시대까지 계속되고 있다"는 줄거리가 들어 있다. 요약한 분량도 적절하다. 더 짧게 줄이면 이 책은 "태초부터 지금까지 신의 뜻에 따라 만물이 변신하는 이야기"라는 말이다. 책을 별도로 요약해주는 저자는 많지 않지만 서문이나 결말 부분을 보면 전체적인 이야기 방향과 핵심이 나와 있는 경우가 많다. 근대 서양에는 책 제목을 길게 만들어서 무슨 내용인지 말해주는 전통이 있었다. 오늘날은 제목을 짧게 줄였지만 원제를 보면 주제와 줄거리가 분명하다. 오비디우스의 요약보다는 짧지만 참고할 만하다.

로빈슨 크루소: 요크의 로빈슨 크루소의 생애와 이상하고 놀라운 모험

걸리버 여행기: 세계 오지 여행. 4부작. 의사이자 여러 배의 선장인 레뮤엘 걸리버의 여행

방법서설(方法敍說): 사람의 이성을 올바르게 인도하고, 여러 학문에서 진리를 추구하는 방법에 관한 설명

요약은 쉽지 않다. 요약 능력은 하루 아침에 생기지 않는다. 책을 읽는 것은 쉽지만, 책을 '잘' 읽는 것은 훈련이 필요하다.

"진실한 마음으로 진실한 책을 읽는 것은 고귀한 훈련이다. 오늘날 각광받는 그 어떤 훈련보다 노력이 많이 필요하다. 운동선수들이 훈련에 매진하듯이 평생 꾸준하게 책을 대하겠다

는 자세를 요구한다."

인스턴트 독서와 논술 비법 따위에 물든 우리에게 호숫가에서 농사를 지으며 책을 읽던 헨리 데이비드 소로가 들려주는 말이다.

이야기 요약은 순서적으로 제일 마지막에 정리되지만 그렇다고 중간에 텅 비어 있는 것이 아니다. 개요 파악이 시작되면 이야기의 핵심이 조금씩 모습을 드러낸다. 그 핵심이 개요 파악 작업의 뼈대를 잡아준다. 파악되는 개요는 다시 이야기의 핵심 요약을 보완해준다. 이렇게 상호보완적으로 진행되면서 개요 파악이 끝나면 이야기 요약도 최종적으로 완성된다. 정리된 개요를 읽은 후에 책 전체의 이야기를 요약한다.

이야기 요약은 책의 분야에 따라 다른 모습을 보일 것이다. 문학이라면 인물과 사건의 흐름이 강조된 요약이 될 것이고, 사상이라면 논리와 주장이 강조된 요약이 될 것이다. 역사라면 이 둘의 모습을 모두 가지고 있으면서 연대와 장소가 좀 더 중요해질 것이다. 문법 독서의 기술은 결국 요약의 기술이다. 최종 결론은 책 전체를 한마디로 요약하는 것이다.

이로서 문법 독서의 모든 원리를 설명했다. 자, 이제 책을 펴고 새로운 세계 속으로 들어가자. 그들의 말을 들어보자. 우리는 책이라는 낯선 세계와 우리 세상 사이를 이어줄 막중한 사명을 가진 탐험가들이다. @

독서 친구에게 이야기하기

문법 단계 독서를 하면 계속 이야깃거리가 생긴다. 이것을 다른 사람과 나누면 서로 좋다. 상대방은 좋은 정보를 얻어서 좋고 우리는 생각을 정리할 수 있어서 좋다. 같은 책을 읽는 독서 모임이라면 같은 대상을 보는 다른 눈의 자극을 받을 수 있다. 단단한 책을 독파하는 격려의 에너지도 얻을 수 있다.

철학자 존 스튜어트 밀(John Stuart Mill)은 어린 시절 아버지로부터 인문 교육을 받았다. 중요한 하루 일과로 아침 식사 전에 아버지와 오솔길을 산책했다. 산책하면서 어제 읽은 고전 내용을 이야기하거나 암송했다. 논리적으로 분석한 결과를 이야기한 게 아니었다. 들은 그대로(다시 말해서 '문법적으로' 읽은) 이야기를 아버지에게 전해주는 시간이었다. 아버지가 시켜서 한 게 아니라 자발적으로 한 일이었다. 아이들만이 가진 (외우고 자랑하기 좋아하는) 문법 단계적 속성이다. 사실 아이들은 천부적인 집중력이 있고 스펀지 같아서 반복 학습이 덜 필요하다. 한 번만 봐도 내용을 잘 기억한다. 나이먹으면서 잘못된 습관과 교육으로 약해지기 십상인 이 능력을 밀은 잃지 않았다. 자연스럽게 '읽은 것 말하기' 훈련을 한 것이다. 산책 시간이 그의 지성에 얼마나 큰 자산이 되었는지는 두말할 필요가 없다. 교육자였던 샬롯 메이슨(Charlotte Mason)은 읽은 내용을 다른 사람에게 이야기하는 훈련이 아이들에게 꼭 필요하다고 말한다.

> "처음부터 한 부분을 읽고 나면 읽은 것을 이야기할 수 있게 훈련받아야 한다. 그렇게 되면 이야기할 사람이 없어도 천천히 주의깊게 생각하며 읽는 습관을 가지게 된다."

이 좋은 것을 나이 먹었다고 안 할 이유가 없다. 핵심은 책 '내용'의 전달이다. 서로 지식이 깊어지면 토론이 되겠지만 내용도 모르면서 토론부터 시작하는 것은 의미가 없다. 덮어놓고 따지는 것은 모래성 싸움이다. 문법 단계에서 이야기를 전해주는 목적은 읽은 내용을 있는 그대로 잘 정리해서 전달하는 것이다. 전달할 때 책을 다시 뒤적거리면서 이야기하는 것은 큰 의미가 없다. 정리된 개요만 보고 전달할 수 있어야 문법적으로 읽은 의미가 있다. 그렇다고 단락별 상세 개요를 기계적으로 읽는 것은 아니다. 상세 개요를 기반으로 자연스럽게 이야기를 구성해서 말해야 한다. 이렇게 전달하다 보면 저자가 말하는 논리와 흐름을 더 분명히 알게 될 것이다. 자기 말로 바꿔서 말할 필요도 생길 것이다. 다음 단계인 '논리 독서'로 이어지는 밑거름이다.

만나는 정도는 각자 상황에 따른다. 한 장(chapter, 상위 목차 하나) 정도 개요 파악이 끝나면 이야깃거리가 생긴다. 재미와 동기 부여를 위해서 좀 더 자주 봐도 좋고 문법 단계를 다 끝낸 후에 완성된 이야기로 만나도 좋다. 가족도 좋고 친구도 좋고 독서 모임도 좋다. 자, 누구에게 이야기를 들려주겠는가?

삼중 독서법 요약

제1독 : 문법 독서

문법 독서는 책을 관찰하고 개관하는 시간이다.

1 · 개요를 파악한다.

1) 저자의 목차를 여행의 지도로 삼고 큰 개요를 파악한다.

2) 목차별(소제목별)로 읽고 상세 개요를 파악한다.

① 소제목 하나를 통독한다.

② 단락별로 다시 읽으면서 상세 개요를 정리한다.

a. 반복되는 단어(키워드)가 있는 곳을 살핀다.

b. 핵심 문장을 찾아서 정리한다.

2 · 어휘를 색인한다.

1) 목차별로 읽을 때 눈에 띄는 어휘를 간단하게 표시한다.

2) 단락별로 정리할 때 표시한 어휘를 나누어 색인한다.

① 책의 키워드를 색인한다.

② 나의 관심 주제를 색인한다.

③ 좋은 구절을 색인한다.

④ 질문과 걸림돌을 색인한다.

3 · 이야기를 요약한다.

1) 정리된 개요를 읽는다.

2) 주제를 파악하고 줄거리를 정리한다.

3) 종합해서 요약한다.

4 · 독서 공동체에서 문법 독서 내용을 나눈다.

◆ 문법 독서를 실천하는 독서노트는 256쪽을 참고하기 바란다.

02

제2독 논리 독서:
따져보고 재구성하기

"행동을 보고, 동기를 살피고, 편안히 여기는 것을 관찰하면, 사람이 어떻게 자신을 감추겠는가? 사람이 어떻게 자신을 감추겠는가?" - 공자

낯선 세계의 언어를 알면 사람이 보인다. 겉으로 들리는 말이나 행동이 아니라 생각과 마음이 보인다. 1653년 제주도에 난파된 하멜 일행에게 제주 목사(牧使)는 공포의 대상이었다. 관청 앞마당에서 수천의 병졸들에게 둘러싸여 식사를 하게 되었을 때 그들은 이 세상 마지막 식사라고 생각했다. 손짓 발짓으로 제주 목사에게 상황을 설명했지만 서로 알아들을 수가 없었다. 그들은 삼엄한 감시 속에 죽을 날만 기다리는 처지가 되었다.

하지만 통역관이 오자 상황이 달라졌다. 통역관은 놀랍게도 같은 네덜란드 사람이었다. 이름은 얀 얀스 벨테브레(Jan Janse Weltevree)로 30년 전에 조선에 난파되었다가 아예 귀화한 사람이었다. 박연(朴淵)이라는 조선 이름까지 가지고 관리로 살고 있었다. 통역관과 하멜 일행은 낯선 이국 땅에서 서로를 알아보고 한참을 울었다. 언어가 소통되기 시작했다. 무엇보다 먼저 제주 목사가 다르게 보였다. 그의 이름은 이원진이었다. 이해심 많고 선한 사람이었다. 자신들을 일본에 보내주기 위해서 왕에게 서신을 보내며 최선을 다하고 있었다. 같은 풍경에 같은 사람들이었지만 많은 것이 달라졌다. 사람과 사람이 만나고 서로의 마음을 보았기 때문이다.

삼중 독서의 두 번째 단계는 논리 독서다. 인문교육에서 논리 단계는 따져보는 단계다. 문법 단계에서 들었던 기본 틀과 원칙을 기준으로 "왜"를 묻는다. "왜" 그렇게 말하고 행동하는지 질문하며 알아간다. 보이는 사물 뒤에 있는 원리를 살피고 이야기 뒤에 있는 주장과 의도를 끄집어낸다. 이야기 퍼즐을 재구성한다. 주장이 무엇이고 근거가 무엇인지 파헤친다. 맞는 말인지 분석한다. 명쾌함에서 기쁨을 느낀다. 어학공부에서 주로 '읽기'에 해당되는 부분이다.

정약용은 경전을 통해 법칙과 원리를 공부한 후에 역사책을 보라고 했다. 단순히 역사 지식을 얻기 위해서가 아니었다. 역사를 통해서 지도자들이 무엇을 얻고 무엇을 잃었는지 살펴보고, 잘 다스렸던 '이유'와 혼란스웠던 '이유'를 파헤치는 공부를 하라고 권했다. 불변의 원리와 현실 상황을 비교하며 따져보라는 것이다. 논리 단계의 공부다.

논리 단계는 문법 단계와 달리 세 가지 작업을 동시에 진행하지 않고 하나씩 차례로 진행한다.

1 · 색인된 어휘를 풀이한다.
2 · 책을 다시 읽으면서 이야기를 논리적으로 재구성한다.
3 · 남아 있는 궁금증을 해결하고 책의 핵심 주장을 정리한다.

문법 독서가 신세계 도착과 적응이었다면 논리 독서는 신세계 사람과의 대화다. 주장을 듣고 질문하면서 서로 깊이 알아간다. @

논리 1

어휘 사전 만들기

"단어를 알아야 구절이 풀리고, 구절을 알아야 단락이 풀리고, 단락을 알아야 본문 전체의 뜻이 드러난다." -정약용

종교개혁의 도화선이 된 마르틴 루터의 최대 업적은 비텐베르크 성당에 반박문을 붙인 것도 아니고 보름스 제국회의에서 양심을 지킨 것도 아니다. 역사가 필립 샤프(Phillip Schaff)는 "루터가 했던 일 중에서 가장 중요하고 유용한 업적은 신약성경 번역"이라고 평가했다. 루터는 독일 민중의 손에 성경을 주었다. 이를 시작으로 각 나라말로 성경 번역이 이어지면서 성경이 "더 이상 외국어로 된 동떨어진 책이 아니라 친근한 책이 되어서… 종교개혁이 더 이상 지도자들의 역할에 의존하지 않게 되고… 누구나 스스로 성경을 읽고 일상의 안내자로 삼을 수 있게 되었다." 다시 말해서 원전으로 돌아가 자신을 혁명했던 루터가 민중들도 원전으로 돌아가 각자를 혁명할 수 있게 길을 열어준 것이다. 종교개혁이 특정 종교에 머무르지 않고 개

인의 권리를 깨우고 과학을 부르고 법과 민주주의를 세우게 된 힘이 여기 있다.

성경을 번역하면 화형 당하던 시대였다. 루터는 쫓기는 몸이면서도 거리를 돌아다녔다. 생생한 어휘를 담아 민중의 번역을 만들기 위해서였다. 1522년 독일어 신약성경을 선보이면서 그는 성경 각권마다 서문을 붙였다. 사랑하는 책 로마서에는 긴 이야기를 더했다. 훗날 따로 분리되어 전해지는, 종교개혁의 출사표와도 같은 유명한 〈로마서 서문〉이다. 여기서 루터는 단순히 책을 읽으라고 독려하는 데 그치지 않고 자신의 인생을 바꾼 독서법을 소개한다.

> "가장 먼저 필요한 것은 로마서의 언어에 익숙해지고 바울이 사용한 뜻대로 용어들을 이해하는 것이다… 그렇지 않으면 읽어봐야 소용이 없다… 이 용어들을 이렇게 이해하지 않는다면 바울의 로마서는 물론이고 성경의 다른 책도 절대로 이해할 수 없다. 그러므로 이 용어들을 다른 뜻으로 사용하는 교사들을 경계하라. 그들이 제롬이든지 어거스틴이든지 암브로스이든지 오리겐이든지 상관없이 경계하라. 그들과 동급이거나 더 뛰어난 사람들이라도 마찬가지이다."

그는 독서에서 가장 중요한 첫걸음이 "책의 언어에 익숙해지고" "저자가 사용한 뜻대로 용어를 이해하는 것"이라고 못박았다. 아무리 훌륭한 선생들이 와서 용어를 정의해도 저자의 뜻과 다르면 가

차없이 돌아서라고 했다. 독서는 대화다. 저자의 말을 먼저 듣고 나도 말하는 시간이다. 그런데 저자의 언어, 무엇보다 저자가 강조하는 용어를 엉뚱하게 이해하면 독서는 바보 같은 대화가 되고 만다. 우리는 문법 단계에서 색인 작업을 통해 책의 세계에서 쓰는 어휘를 수집했다. 이제 그 어휘의 뜻을 철저하게 알아보는 시간이다. 단어의 뜻을 알아야 이야기의 내면을 볼 수 있다. 껍질을 뚫고 그 안에 담긴 내용과 주장을 꺼낼 수 있다. 지금까지 색인한 것을 풀이한다.

1 · 책의 키워드를 풀이한다
2 · 나의 관심 주제를 정리한다
3 · 질문과 걸림돌을 해결한다

결국 사전을 만드는 일이다. 키워드와 관심 주제를 정리한 어휘 사전과 궁금증을 풀이한 난제(難題) 사전을 만드는 것이다.

책이 스스로 뜻을 말하게 한다

키워드의 뜻을 푸는 최고의 방법은 책 자체에서 찾는 것이다. 단어의 일반적인 뜻은 사회 속에서 어느 정도 일치하지만 그 단어가 책 속의 키워드가 되면 이야기가 달라진다. 새로운 세계의 언어가 된다. 저자가 정의하고 사용하는 대로 받아들여야 책의 세계를 이해할 수 있다. 나중에 비판하고 반박할 때도 그 키워드가 중간 다리 역할을 한다. 정약용은 경전의 뜻을 해석할 때 다른 사람이나 해설서에 의존하지 않고 경전 자체로 알아내고 증명하는 '이경증경(以經證經)'을 주장했다. 그 책 자체나 그 책과 같은 권위를 가진 책으로 뜻을 풀어야 제대로 뜻을 확정하고 증명하고 비판하고 토론할 수 있기 때문이다. 거머리같이 달라붙은 온갖 편견과 잡설을 떼어내고 본래로 다가서는 최고의 방법이다. 사실 『논어』 같은 어록 중심의 책은 이런 방식이 아니면 제대로 읽기조차 어렵다. 『논어』를 쓴 공자는 어떤 사람인가? 『논어』가 말하는 인(仁, 사람다움)이란 무엇인가? 이런 질문의 답은 다른 책을 뒤적이지 말고 『논어』를 색인하고 분석하는 것이 가장 확실하다. 예를 들어 '공자'를 색인해서 정리하면 그의 생애를 재구성할 수 있다. 간단히 정리하면 다음과 같다.

> 공자는 비천한 신분으로 태어나서 먹고 살기 위해 닥치는 대로 일하며 잡기(雜技)를 배웠다. 부자가 되고 싶은 마음도 없지 않았으나 부자는 추구한다고 되는 일이 아님을 깨닫고 좋아하는 일에 몰두하며 살기로 했다. 그는 옛것을 좋아하고 배우는 것을 좋아했다. 선현들의 지혜를 사람들에게 전했다. 배울 열의만 있다면 돈이 없어도 제자로 거두어 마음을 다해 가르쳤다. 참된 길이 행해지는 나라를 꿈꾸며 헌신했으나 권력자들은 계략을 꾸며 그를 쫓아냈다. 그는 고국을 떠나 바다 위의 뗏목처럼 떠도는 신세가 되었다. 그러나 사람들이 자신을 알아주지 않아도 하늘을 원망하지 않고 사람을 탓하지 않았다. 세상이

혼탁해도 도망치기보다는 사람들 가운데 살면서 참된 길이 회복되기를 바라며 전했다. 그는 안 되는 줄 알면서도 포기하지 않는 불굴의 의지를 가진 사람이었다. 훗날 고국의 젊은이들을 걱정하며 귀국해서 그들을 가르쳤다. 공자의 인생을 요약하면 이렇다. 그는 열다섯 살에 배움에 뜻을 두었고 서른 살에 전문가가 되어 자립했으며 마흔 살에 이리저리 휘둘리지 않는 굳은 신념을 갖게 되었다. 쉰 살에 겸손히 하늘의 뜻을 알게 되었고 예순 살에 모든 것을 있는 그대로 받아들일 수 있게 되었으며 일흔 살에 마음대로 살아도 법도를 넘지 않게 되었다. 공자에게 부와 권력은 없었으나 하늘은 그를 목탁으로 삼아 세상을 일깨웠다.

어휘 풀이는 이렇게 줄거리가 있는 이야기로 정리한다. 색인 탐구를 하면 고정된 뜻을 넘어 살아 있는 의미를 만날 수 있다. 더 깊이 들어가게 된다. 정약용의 말대로 단어를 알아야 본문이 열린다. 단어가 독서의 열쇠다.

논리 단계의 핵심은 저자의 주장을 파악하기 위해 이야기 전체를 논리적으로 다시 읽고 재구성하는 것이다. 그 일을 제대로 하기 위해서 색인된 어휘의 뜻을 정확히 알아야 한다. 어휘 분석 자체가 저자의 논리를 1차적으로 따져보는 과정이기에 더욱 중요하다. 진행 방식은 간단하다. 각 어휘의 색인을 따라 철저하게 읽는다. 색인된 본문 페이지들을 오가면서 뜻과 쓰임새를 정리하고 재구성해서 어휘별로 '나만의' 사전을 만든다. 사전적 정의가 필요한 말은 보다 철저하게 분석한다. 물렁하던 지식들이 단단해지는 기쁨을 배우는 시간이다.

문학 작품을 읽고 있다면 키워드 분석은 인물과 사건 분석이 중심이다. 인물의 성격과 변화, 사건의 진행과 의미 등을 분석한다. 역사나 전기에서도 인물과 사건이 두드러진다. 어휘 사전 속에 인물 사전, 사건 사전이 만들어진다는 뜻이다! 『윤동주 평전』이라면 송몽규, 정병욱, 강처중, 정지용 등이 키워드 역할을 할 수 있다. 예를 들어 정지용은 문학 청년 윤동주의 우상이었고, 그의 우리말 쓰기에 영향을 주었고, 그의 시를 알리는 데 큰 힘이 되었다. 일반적인 의미의 시인 정지용을 넘어서 윤동주에게 많은 영향을 준 핵심 인물이 된다. '키워드'와 '나의 관심 주제'는 이렇게 사전을 만들듯이 정리한다. '질문과 걸림돌'에 모아놓은 것은 각 상황에 맞게 풀이한다. 어떤 식이든 질문에 답을 주면 된다.

이때는 필요하면 사전이나 외부 자료를 참고할 수 있다. 예를 들어서 역사나 인물 전기를 읽다보면 지명, 인명, 사건 이름들이 낯설어서 단순한 어휘를 많이 색인했을 수 있다. 책 자체로 해결이 안 되면 사전을 활용한다. 간단한 조사를 더하면 이야기가 더 생생해진다. 하지만 외부 자료에 오래 매달려 연구하는 상황은 피하는 것이 좋다. 몰입의 맥이 끊어진다. 깊은 연구를 하고 싶으면 지금의 독서를 마무리한 후에 별도로 한다. 책의 해설집을 읽고 의존하는 것도 피해야 한다. 남의 해석 안에 갇히게 된다. 책 자체에서 뜻을 찾는 것이 가장 우선이다. 이경증경의 방식으로 최선을 다해 뜻을 풀어본다. 자료를 참고한다. 그래도 해결이 안 된 것은 아쉬운 대로 남겨두고 다음 단계로 간다. 나중에 색인된 항목을 연구할 기회가 또 있다.

다음 단계로 넘어가기 전에 필요하면 저자와 그의 시대에 대해서 자료를 찾고 조사할 수 있다. 책의 언어와 주장을 이해하는 데 도움이 된다. 그동안 이것을 별도로 살펴보지 않은 이유는 사전에 정보가 너무 많으면 선입견이 생기기 때문이다. 이미 충분히 알고 있는 부분이거나, 아직 잘 몰라도 우선 책만 가지고 파악하고 싶다면 건너뛰어도 좋다. @

논리 2

이야기의 재구성

"내가 많이 배워서 아는 사람 같으냐? 아니다. 하나의 원리로 연결해서 아는 것이다." –공자

이제 책을 한 번 더 읽는다. 이번에는 사물의 겉모양에 만족하지 않고 속까지 볼 것이다. 저자의 이야기 뒤에 있는 궁극적인 주장과 논리를 파헤칠 것이다. 그러기 위해서 우선 데카르트를 만나야 한다. 그는 유럽 최고의 학교를 최고의 성적으로 졸업한 인재였다. 하지만 모든 고정관념과 단절하고 참된 지식만 다시 쌓고 싶어했다. 그런 모험과 성취 덕분에 세계는 생각하는 근대를 열 수 있었다. 데카르트는 모든 분야를 똑같은 방법으로 탐구해야 진짜 지식을 얻을 수 있다고 보았다. 이를 위해 어디에나 적용할 수 있는 방법을 만들고 평생 탐구에 적용했다. 진리를 찾는 4가지 원칙이다.

1 · 명확한 것만 받아들인다(명증성의 원칙).

2 · 검토하기 좋게 최대한 작은 조각으로 나눈다(분해의 원칙).

3 · 쉬운 것부터 어려운 것까지 순서대로 배열한다(종합의 원칙).

4 · 빠진 것이 없는지 점검한다(열거의 원칙).

한 문장으로 줄이면 다음과 같다.

> 명확한 것만 남기고 분해한 후에 쉬운 것부터 순서대로 빠짐 없이 배치한다.

그는 참된 것을 얻기 위해 모든 것을 의심했다. 이 방법으로 하나씩 다시 쌓아올렸다. 지식의 재구성이었다. 이렇게 해서 수학에서 기상학까지 수많은 지식을 다시 세우며 생각의 길을 열었다. 독서하는 우리도 저자의 주장과 논리를 알아내기 위해서 데카르트의 방식을 적용할 수 있다. 이야기의 껍질을 벗기고 논리적으로 재구성하는 것이다.

이야기를 재구성하면 저자의 마음이 보인다

데카르트를 따라 이야기를 재구성하는 것을 '데카르트의 재구성 원리'라고 부르자. 방법은 다음과 같다. 먼저 글 하나를 통독한다. 그리고 단락별로 다시 읽으면서 이야기를 재구성한다.

명증성의 원칙: 한 단락에 한 문장만 남긴다. 단락별로 군더더기를 다 빼고[34] 명확한 핵심 문장 하나만 남긴다. 물론 데카르트는 참(진실)인 것만 남긴다고 했다. 우리는 이 핵심 문장의 내용이 참인지 아닌지 나중에 판단할 것이다. 그때를 위해 저자가 참이라고 주장하는 문장만 남겨놓는다.

① 글의 주제와 관련된 핵심적인 주장, 사실, 근거(논거)를 말하는 핵심 문장을 선택한다. 핵심 문장을 찾는 좋은 방법 하나는 키워드를 눈여겨보는 것이다. 자주 등장하는 단어 중에 키워드가 있다.[35]

② 핵심을 담은 어구들이 흩어져 있거나 핵심을 담은 문장이 여러 개라면 조합해서 한 문장으로 정리한다. 핵심 문장 자체가 명확하지 않다면 전체 내용과 어휘에 맞게 문장을 직접 구성한다.

③ 군더더기를 없애고 쉬운 말로 다듬고 재구성한다. 문장을 다듬는 것은 필수지만 열쇠가 되는 '키워드'는 살린다.

분해의 원칙: 모든 단락을 핵심 문장으로 바꾼다. 이야기를 분해해서 핵심 목록을 만드는 것이다.

종합의 원칙: 전체 이야기 주제에 맞게 분해한 목록에서 핵심을 다시 고른다. 없어도 되는 것은 과감히 뺀다. 중복이나 군더더기

34• 설명, 예시, 나열, 인용, 비교, 도입, 전제 등은 핵심 문장을 뒷받침하는 것들이므로 한 단락 안에 이런 것들이 섞여 있으면 생략해도 된다.

35• 삼중 독서를 진행했다면 이미 색인과 어휘 분석으로 키워드를 찾은 상태다.

는 없어도 된다. 이제 순서대로 핵심 문장들을 다시 배치한다. 쉬운 것부터, 기반이 되는 것부터 하나씩 이어간다.

열거의 원칙: 자연스럽게 말이 되는지 본다. 빠진 것이 없는지 본다. 점검하고 다듬어서 전체를 하나의 요약문으로 만든다. 사상적이고 논리적인 글을 요약하면 일반적으로 저자의 주장과 그렇게 주장하는 근거가 중심이 된다. 논증의 실체가 뚜렷하게 드러나는 것이다. 물론 소설이나 일상을 다룬 문학적인 글일 때는 직접적인 주장과 논리가 아니라 작가의 키워드에 해당되는 인물과 사건의 흐름에 따라 요약된다. 요약 과정에서 '내 생각이나 판단'을 더하지 않도록 주의한다. 이야기를 재구성하는 목적은 저자의 주장을 철저하게 정리하는 것이다. 저자의 논리가 빈약하거나 뭔가 빠져 있거나 잘못된 이야기가 계속되어도 그 자체가 저자의 주장과 논리라면 있는 그대로 정리한다.

이제 예를 들어보자. 버트런드 러셀이 쓴 『자살은 불법인가?(Illegal?)』라는 글이 있다.[36] 데카르트의 재구성 원리를 따라가면 다음과 같은 순서로 진행된다.

1~2. 명증성의 원칙 + 분해의 원칙: 단락별 핵심 목록 만들기

① 전쟁 직후 오스트리아 농부가 자신의 끔찍한 삶을 연장시켰다

36• 299쪽 부록을 참고하기 바란다.

면서 자살을 막은 이웃을 고소했을 때 법원은 무죄를 선고했지만 농부에게 동의했던 것 같다.

② 이와 달리 영국과 미국의 대부분 지역에서 자살은 살인이고 자살 기도는 살인 기도라고 여기며 자살 기도자를 감금한다.

③ 이것은 자살 기도를 범죄로 여겨서는 안 된다는 점과 감금해도 억제되지 않는다는 점에서 불합리하다.

④ 내가 내 시계를 바다에 던져도 범죄가 되지 않는 것처럼 내가 내 소유물인 내 생명을 없애는 것은 내 문제일 뿐이다.

⑤ 내 생명이 타인에게 도움이 될 수 있다는 주장은 도덕적으로 건전하지만 법적인 문제가 아니므로 목숨을 버리기로 마음먹는다면 그렇게 할 수 있게 해주어야 한다.

⑥ 자살을 기도하는 사람은 성공해서 처벌을 피하려 할 것이고 자살에 실패해서 감금된다고 더 살고 싶은 생각을 할 것도 아니기 때문에 자살 기도의 처벌은 억제 효과가 없다.

⑦ 자살을 시도하는 불행한 사람들 앞에서 생명의 신성함을 호소하면서 전쟁을 비난하지 않는 것이 오히려 불법이고 위선이다.

3. 종합의 원칙: 선택과 논리적 재구성

| 핵심 문장 선택 |

① 전쟁 직후 오스트리아 농부가 자신의 끔찍한 삶을 연장시켰다면서 자살을 막은 이웃을 고소했을 때 법원은 무죄를 선고했지만 농부에게 동의했던 것 같다.

② 이와 달리 영국과 미국의 대부분 지역에서 자살은 살인이고 자살 기도는 살인 기도라고 여기며 자살 기도자를 감금한다.

③ 이것은 자살 기도를 범죄로 여겨서는 안된다는 점과 감금해도 억제되지 않는다는 점에서 불합리하다.

④ 내가 내 시계를 바다에 던져도 범죄가 되지 않는 것처럼 내가 내 소유물인 내 생명을 없애는 것은 내 문제일 뿐이다.

⑤ 내 생명이 타인에게 도움이 될 수 있다는 주장은 도덕적으로 건전하지만 법적인 문제가 아니므로 목숨을 버리기로 마음먹는다면 그렇게 할 수 있게 해주어야 한다.

⑥ 자살을 기도하는 사람은 성공해서 처벌을 피하려 할 것이고 자살에 실패해서 감금된다고 더 살고 싶은 생각을 할 것도 아니기 때문에 자살 기도의 처벌은 억제 효과가 없다.

⑦ 자살을 시도하는 불행한 사람들 앞에서 생명의 신성함을 호소하면서 전쟁을 비난하지 않는 것이 오히려 불법이고 위선이다.

| 삭제와 논리적 재구성[37] |

① 영국과 미국의 대부분 지역에서 자살은 살인이고 자살 기도는 살인 기도라고 여긴다.

② 자살 기도를 범죄로 여겨서는 안 된다.

37 • 이 부분은 중간 과정이다. 노트에 별도로 기록할 수도 있고, 머리 속에서 정리할 수도 있다. 처음에는 노트에 기록하며 훈련하는 것이 좋다. 익숙해지면 핵심 목록에 핵심 문장을 표시한 후에 곧바로 최종 요약문으로 넘어갈 수 있다.

③ 마음 먹는다면 그렇게 할 수 있게 해주어야 한다.

④ 내가 내 소유물인 내 생명을 없애는 것은 내 문제일 뿐이다.

⑤ 자살 기도의 처벌은 억제 효과가 없다.

⑥ 자살을 기도하는 사람이 감금된다고 더 살고 싶은 생각을 할 것도 아니기 때문이다.

⑦ 자살을 시도하는 불행한 사람들 앞에서 생명의 신성함을 호소하면서 전쟁을 비난하지 않는 것이 오히려 불법이고 위선이다.

4. 열거의 원칙: 최종 요약문 만들기

> 영국과 미국의 대부분 지역에서 자살은 살인이고 자살 기도를 살인 기도라고 여긴다. 하지만 자살은 불법이 아니며 자유로운 선택의 문제다. 생명은 각자의 소유물이기 때문이다. 또한 자살 기도자를 처벌해도 억제 효과가 없다. 생각이 달라지지 않기 때문이다. 생명의 신성함을 호소하면서 자살을 반대하고 전쟁을 방치하는 것이 오히려 불법이고 위선이다.

더 줄일 수 있다. 인문교육 글쓰기 훈련에서 중요한 과정이 줄여서 다시 쓰기다. 늘어지는 요점은 요점이 아니다. 이야기 도입 부분 등을 빼고 핵심 주장과 근거만 정리할 수 있다.

> 자살은 불법이 아니며 자유로운 선택의 문제다. 생명은 각자

의 소유물이다. 또한 자살 기도자를 처벌해도 억제 효과가 없다. 생각이 달라지지 않는다.

이 글의 키워드는 자살, 살인, 불법, 생명, 소유물 등이다. 최종 요약문을 매끄럽게 다듬어도 키워드는 남긴다. 좋은 요약문은 간결하고 매끄럽다. 요약문만 봐도 핵심 내용과 이야기 흐름을 분명하게 알 수 있다. 이제 더 큰 책에 이 원리를 적용해보자.

목차별로 읽고 이야기를 재구성한다

이제 다시 한 번 책을 읽는다. 통독의 기본 단위는 계속해서 목차의 소제목이다. 우선 소제목 하나를 통째로 읽는다. 그리고 데카르트의 재구성 원리에 따라 최종 요약문을 만든다. 앞서 살펴봤던 러셀의 글을 하나의 소제목처럼 보고 진행하면 된다.

소제목 하나를 통독했을 때 다루는 주제가 여러 개인 경우가 있다. 이때 모든 주제를 몰아넣고 재구성하면 요약문이 너무 커지고 내용이 복잡해진다. 주제별로 단락을 묶은 후에 각각 이야기를 재구성하고 최종 요약문을 만드는 것이 좋다.

눈치 빠른 독자는 이미 알겠지만 데카르트의 재구성 원리에서 앞부분은 문법 단계에서 "단락별 상세 개요"를 만들었던 작업과 겹치는 면이 있다. 1, 2단계인 명증성의 원칙과 분해의 원칙을 따르면 단락별로 핵심 문장을 찾아서 정리하게 된다. 중간 결과물 모양이 문법 단계의 것과 비슷하다. 하지만 상황이 다르고 목표가 다르다. 문법 단계에서는 각 부분별로 간단하게 개요를 파악하고 책의 언어와 어휘를 아는 것이 목표였다. 책 내용을 잘 알지 못한 상태여서 종합적인 분석과 이해에 초점을 맞추지 않고 단락별로 핵심 문장을 찾는 데만 집중했다. 그런데 이제는 책을 꼼꼼하게 한 번 읽었다. 개요를 알고 언어와 어휘를 알게 되었다. 이야기를 재구성할 힘이 생겼다. 논리 단계의 목표는 단락을 넘어 목차별로 하나의 이야기를 만드는 것이다. 큰 그림 속에서 단락들의 중요도가 다르다. 이전에 지나쳤던 문장을 꺼낼 수도 있다. 중간에 만들어지는 단락별 핵심 목록의 결과물이 이전과 비슷해 보여도 차원이 다르다. 재구성하고 종합하는 더 높은 차원이다. 더 풍성한 열매를 거두는 일이다. 문법 단계의 독자와 논리 단계의 독자는 다른 지점에 서 있다. 문법 단계에서 만든 단락별 상세 개요를 지금 보면 부족한 부분이 많을 것이다. 각각이 투박하고 개별적일 것이다. 문법 단계는 낯선 언어를 몸으로 익히며 인내하는 정도의 역량이었지만 논리 단계는 전체를 보며 재구성하고 창의할 수 있는 역량이 생긴 상태다. 같은 독자, 같은 책이지만 전에 없던 능력과 지식으로 서 있다. 이야기를 재구성하면서 단락별로 살피는 일은 문법 단계 반복학습이 아니다. 새로운 도약이다.

물론 책의 난이도나 독자의 숙련도에 따라 절차를 줄이고 효과를 높이는 방법들을 생각해볼 수 있다.[38] 하지만 늘 그렇듯이 얕은 요령

38 • (1) 책 내용이 어렵지 않고 독자가 요약을 많이 해봤다면 문법 단계에서 만든 "단락

으로는 깊은 우물을 팔 수 없다. 다시 읽고 기록하고 생각하는 일은 언제나 인내와 노력이 필요하다. 또한 이런 독서의 노력은 절대로 우리를 배신하지 않는다. 선물은 생각보다 금방 찾아온다. 이야기 재구성 작업을 해보면 문법 단계에서는 경험하지 못한 자유와 창조의 기쁨을 맛볼 수 있다. 저자의 이야기를 따져보고 재구성할 때 찾아오는 짜릿한 긴장과 쾌감은 땀흘리는 독자에게만 주어지는 특별한 선물이다.

필요하면 책의 구조를 재구성한다

데카르트의 재구성 원리는 단락이나 목차에만 적용되는 것이 아니다. 작은 단어와 문장에서부터 책 전체까지 적용할 수 있다. 심지어 한 권의 책을 넘어서 작가나 특정 분야 전체를 대상으로 할 수도 있다. 지식은 하나의 체계이며 체계는 분석과 재구성이 가능하다. 목차별 재구성이 모두 끝나면 책 전체 구조를 볼 수 있다. 개요와 요

별 상세 개요"를 그대로 활용할 수도 있다. 소제목 하나를 통독한 후에 단락별로 다시 보면서, 단락별 상세 개요와 비교하는 것이다. 단락별 핵심 목록을 새로 만들지 않는다. 기존의 단락별 상세 개요에 핵심 문장을 표시하고 최종 요약문만 새로 만든다.
(2) 책 본문에 핵심 문장을 표시한 후에 곧바로 최종 요약문을 노트에 기록해서 시간을 절약하는 방법도 생각할 수 있다. 데카르트의 재구성 원리를 충분히 훈련한 상태에서 짧은 글을 다룬다면 가능하다. 하지만 본문이 길어지고 주제가 많아지면 중간 과정 없이 곧바로 정리하기 어렵다. 또한 책 본문에 핵심 문장을 전부 표시해놓으면 나중에 독서할 때 방해가 되는 단점도 있다.

약문을 읽으면 흐름이 보인다. 혹시 어떤 것의 자리를 바꾸거나 관련된 것을 하나로 묶으면 이야기가 더 분명해질 것 같지 않은가? 그렇다면 주저하지 말고 개요와 요약문을 재배치해보자. 책의 재구성이다. 문법 단계에서는 저자의 목차를 따랐지만 논리 단계에서는 얼마든지 따지고 바꿀 수 있다. 소제목 하나의 위치를 바꿀 수도 있고 책 전체의 순서를 바꿀 수도 있다. 생각하는 방향에 맞게 개요를 옮기고 요약문을 통폐합하면 된다. 물론 책의 재구성은 필수적인 작업이 아니다. 독자의 필요에 따라 결정한다.

저자가 말하는 방식이 복잡할 때는 이야기의 재구성이 내용 파악에 도움을 줄 수 있다. 소설에서 시간이 엉켜 있을 때가 그런 상황이다. 시간순으로 배치를 바꾸면 인물과 사건이 더 잘 보인다. 윤동주의 시와 생애를 다룬 소설 『시인 동주』는 윤동주의 출생에서 시작하지 않고 연희전문학교에 합격한 것부터 시작한다. 어린 시절 북간도에서의 삶은 나중에 하나씩 등장한다. 소설로서는 흥미로운 구성이지만 흐름이 복잡해지는 측면이 있다. 신춘문예에 당선된 송몽규에게 윤동주가 느꼈을 여러 감정, 부끄러움이라는 윤동주적 감성의 형성, 경성(서울)에 유학온 사연 등을 시간순으로 놓으면 윤동주의 성장과 시 세계의 발전 과정을 더 잘 이해할 수 있다. 더불어 작가의 이야기 방식이 효과적이었는지도 판단할 수 있다.

소설을 읽으면서 독자는 등장 인물을 따라다닌다. 사건 현장의 군중 사이에서 이 모든 이야기가 어떤 결말을 향해 어떤 순서로 진행되는지 살핀다. 인물과 사건의 각 장면은 하나의 주장이고 그들의 몸부림과 행진은 그 세계의 운명이며 보이지 않는 논리다. 뒤엉킨 시간과 사건을 재구성하고, 조각난 인물의 실체와 관계를 이어붙이고, 정신없이 오가던 대화의 큰 그림을 그리면 모든 게 더 뚜렷해진다. 빵을 훔친 장발장의 이야기라고 생각하고 『레 미제라블』을 펼친 사람들은 당황한다. 첫권을 열고 100장 넘게 읽어도 장발장이 등장하지 않는다. "의인(올바른 사람)"이라는 제목이 붙은 제1부 제1장에는 계속해서 미리엘 주교가 등장한다. 그의 성품과 사상을 길게 이야기한 후에 비로소 터벅터벅 시내로 걸어들어오는 지친 장발장이 보인다. 단순히 장발장과 만날 인물 하나를 소개하는 차원이라고 하기에는 너무 무겁다. 하지만 길고 긴 이야기들이 끝나고 눈을 감는 최후의 장발장 옆에 미리엘 주교를 서게 하면 깜짝 놀라게 된다. 두 사람은 닮았다. 연결되어 있다. 좌절과 증오로 가득 찼던 사람이 헌신과 용서의 사람으로 변해 있다. 장엄한 서사 속에서 인간의 구원과 변화를 말하고 싶었던 작가의 뜻은 재구성과 비교로 더 분명하게 드러난다. 실제 이야기 속에서도 최후의 장발장은 그 옛날의 주교가 보인다는 듯이 허공을 가리킨다.

철학과 사상이 있는 책을 분석할 때도 전체의 재구성은 힘을 발휘한다. 쉬운 접근 방법 하나는 마지막 부분에 주목하는 것이다. 논증하는 사람은 마지막에 속내를 드러내는 경우가 적지 않다. 앞에 현실, 문제, 열망, 실마리를 나열하고 마지막에 원리, 실현, 희망, 해결책을 주장한다. 『뜻으로 본 한국역사』에서 마지막에 나오는 "고난의 의미"를 앞으로 옮겨서 보면 우리 역사의 장면들이 펼쳐질 때 영화

자막을 보듯이 의미를 더 잘 읽을 수 있다. 물론 핵심 주장은 책 중간에 있을 수도 있다. 『국가』를 6권과 7권부터 시작하게 만들면 우리는 영원불변의 진리를 보는 사람과 못 보는 사람의 차이를 알고서 토론을 들을 수 있다. 왜 사람들이 정의(올바름)를 잘 모르는지, 누구 말을 따라야 하는지, 어떻게 지혜로운 사람이 될 수 있는지 알고 시작할 수 있다. 철학, 교육, 지도자라는 주제를 기반으로 이야기를 다시 볼 수 있다. 어떤 면에서 책의 재구성은 "나는 당신을 사랑해요"라는 말을 "사랑해요 내가 당신을요"로 바꾸며 핵심을 드러내는 도치(倒置) 구문 만들기라고 할 수 있다.

책 전체 구조가 달라지는 것을 우려할 수 있다. 사실 소제목 하나가 아니라 전체 구조를 바꾸는 것은 쉽지 않다. 문학 작품은 더욱 그렇다. 이야기 조각들을 철저히 유지하면서 완전히 재건축할 수 있다면 아주 훌륭한 일이다. 작품을 망친 것이 아니다. 오히려 탁월하게 분석한 것이다. 논리 독서의 목적은 저자를 제대로 이해하고 판단하는 것이다. 책의 목차를 지키는 것이 아니다. 재구성은 분석 방법일 뿐이다. 이 작업 후에 다음 단계인 "수사 독서"에서는 책을 다시 원래 모습대로 읽는다. 이야기 분해와 재구성은 작품에 해를 끼치는 것이 아니다. 더 잘 이해하고 사랑하는 방식이다.

필요하면 심화 연구를 시작한다

그렇다고 일부 주제나 인물만 뽑아서 정리하는 것을 책의 재구성으로 오해해서는 안 된다. 퍼즐 조각의 배치를 바꿔서 전체 그림을 바꾸는 것이다. 일부만 모아서 작은 그림을 새로 만드는 것이 아니다. 저자의 뜻을 더 선명하게 드러내기 위해서 중복이나 군더더기를 생략하고 위치를 재구성할 수 있지만 부분적인 주제로 책을 축소하면 안 된다. 만약 특정 주제나 인물만 살려서 정리하고 싶다면 색인과 어휘 사전을 활용하면 된다. 책 읽는 동안 색인 작업이 병행되기 때문에 언제든 가능하다. 떠오르는 게 있으면 색인 페이지로 간다. 언제든 어휘와 질문을 추가할 수 있고 문제의 실마리를 발견하고 번뜩이는 정리를 해낼 수도 있다.

어휘 사전 작업과 이야기 재구성 단계에 오면 누가 시키지 않아도 더 연구하고 싶은 주제가 떠오르기 마련이다. 이쯤에서 주제 하나를 골라서 심화 연구를 병행하면 독서가 더 흥미로워진다. 다음의 "수사 독서" 단계에도 자연스럽게 연결된다. 최종 독서가 끝난 후에 독서 모임 사람들이 모여 각자의 심화 연구를 나누면 풍성한 잔치가 된다. 훗날 더 발전시키면 한 권의 책이 될 수도 있다. 앞서 말했듯이 정약용은 관심 구절을 모으는 '초서(抄書)'를 중심으로 독서와 저술을 연결했다.

심화 연구라고 해서 대단한 논문 쓰기를 할 것은 아니다. 지금은 독서 중이다. 색인된 어휘나 궁금증에서 주제를 하나 골라서 확장하고 정리하는 정도면 된다. 『윤동주 평전』을 읽고 있다면 다음의 주제로 연구를 시작하고 발전시킬 수 있다.

윤동주의 스승들, 윤동주를 만든 책들, 윤동주의 시로 노래 만들기,[39] 윤동주와 기독교 신앙, 윤동주와 정지용, 윤동주와 백석, 윤동주는 무엇이 그렇게 항상 부끄러웠을까, 윤동주의 시 창작법, 일제 강점기의 시인들, 변절한 지식인들, "참회록"이 쓰여질 무렵의 식민 통치, 초기 기독교와 항일 운동, 무장 독립 투쟁, 일제 강점기의 만주, 1930년대 경성 풍경, …

데카르트도 이런 연구가 일어나길 원했다. 이야기의 재구성에 사용되는 데카르트의 4가지 원칙은 1637년에 출간된 『방법서설』에 나온다. 『방법서설』은 원래 제목 그대로 "사람의 이성을 올바르게 인도하고, 여러 학문에서 진리를 추구하는 방법에 관해 설명"하는 책이다. 그는 자신이 제안하는 방법을 디딤돌 삼아서 사람들이 다양하게 연구하기를 바랐다. 더 많은 사람이 읽기를 원해서 학자들이 선호하는 라틴어가 아니라 프랑스어로 책을 썼다. 그리고 『방법서설』 뒤에 『굴절광학』, 『기상학』, 『기하학』을 더해서 실제적인 탐구 결과를 보여주었다. 원래 『방법서설』은 방법을 다룬 서론과 자연과학 분야의 탐구가 이어진 4편의 글이었다. 오늘날 서론이 따로 나와 읽히는 것이다. 데카르트가 책을 쓴 의도를 생각할 때 그의 방법을 따라 기존 지식을 재구성하기 시작하면 무엇인가 자신만의 연구 주제가

39• 심화 연구 방식은 자유롭다. 글쓰기를 넘어서 음악, 그림 등으로 확장할 수 있다. 글쓰기 방식도 에세이, 보고서, 소논문에서 단편 소설까지 다양하게 시도할 수 있다.

떠오르는 것이 당연하다. 어휘 분석과 이야기의 재구성이 마무리되는 시점은 나만의 심화 연구를 시작하기에 가장 좋은 시간이다.

독서노트에 정리하고 책 전체를 요약한다

이야기의 재구성 작업은 독서노트에 어떻게 기록될까? 독서노트에 "단락별 핵심 목록"과 "최종 요약문"이 연속해서 들어가게 된다. 다시 말해서 "분해의 원칙(2단계)"으로 만든 단락별 핵심과 "열거의 원칙(4단계)"으로 정리된 최종 요약문이 차례로 들어간다는 뜻이다.[40] 최종 요약문을 만드는 중간 단계인 "종합의 원칙(3단계)" 과정은 별도로 다 기록하기 어려우며, 단락별 핵심 목록에 핵심 문장을 표시하고 연결하는 과정에서 부분적으로 드러난다. 부록에 나오는 독서 노트 작성 예를 참고하면 쉽게 이해할 수 있을 것이다.[41] 책 전체 구조를 재구성하는 작업도 노트 형식은 '이야기의 재구성' 노트를 그대로 활용하면 된다.

이야기 재구성 작업이 모두 끝나면 마지막으로 남은 한 가지 일이 있다. 재구성된 이야기 전체를 종합해서 하나로 요약하는 것이다. 독서 노트에 목차별로 최종 요약문들이 들어 있다. 이것을 하나로 만든다. 목차 제일 아래쪽에 있는 것들을 모아서 하나로 요약한 후

40 • 물론 새로 단락별 핵심 목록을 만들지 않고, 기존의 단락별 상세 개요를 활용하면 소제목별로 최종 요약문만 들어 있게 된다.

41 • 304쪽을 참고하기 바란다.

에, 윗 단계 목차로 올라가서 다시 하나로 요약한다. 이렇게 계속하면 제일 위에 하나의 요약문만 남는다. 책 전체 요약문이다. 문법 단계에서 정리한 '이야기 요약' 내용과 비교해보자. 무엇이 달라졌는가? 무엇이 더 분명해졌는가?

사람 사이의 대화가 그렇듯이 책의 이야기도 모두 기계적으로 분석할 수는 없다. 가슴은 느끼는데 머리는 정리하지 못하는 부분도 있다. 특히 문학을 무슨 원칙으로 계속 난도질하면 문학은 죽는다. 더 이상 문학이 아니다. 저자의 이야기를 두 번째('지식의 향연'까지 포함하면 세 번째) 듣다보면 저자의 속마음이 보일 것이다. 저자가 정말 하고 싶은 말을 꺼내서 퍼즐을 맞추는 것이 논리 독서요 이야기의 재구성이다. 사실 앞에서 말한 "데카르트의 재구성 원리"에도 너무 얽매일 필요 없다. 생각 정리를 돕는 도구의 하나일 뿐이다. 논리 독서는 논술 시험이 아니다. 시험 따위는 없다. 정답도 없다. 저자의 마음과 생각에 다가서려는 노력이 전부다. 분석이 안 되는 것은 안 되는 대로 받아들이면서 저자의 솔직한 목소리에 귀를 기울이자. 혹시 이해가 안 되면 수사 독서에서 다시 들으면 된다. 오늘도 천천히 뜨겁게, 행복하게 가면 된다. @

논리 3

지식의 열매

"많이 듣고 많이 보라. 거기서 참된 것을 골라서 따르고 마음에 새겨라. 그러면 천재는 아니어도 그 다음은 갈 수 있다."

-공자

남아 있는 문제를 해결한다

지금까지 만든 색인을 살펴보자. 아직 해결하지 못한 질문과 걸림돌이 남아 있는가? 나비처럼 가벼운 질문에서 돌덩이 같은 인생 문제까지 여러 가지가 있을 수 있다. 책이라는 친구와 동행하는 가운데 질문의 풍선들은 더 커지기도 하고 홀가분하게 하늘로 사라지기도 한다. 오래 남아 있던 것이 이야기를 재구성하며 해결되기도 했을 것이다. 아직까지 노트에 남아 있는 마지막 수수께끼는 무엇인가? 책의 주장을 정리하고 평가하기 전에 마지막으로 걸림돌을 살펴본다. 모르는 것을 남겨두고 책을 이해했다고 말할 수는 없다. 세월의 대답을 기다려야 하는 인생 문제이거나 다른 주제의 연구가 더 필요한 것이 아니라면 풀고 간다. 아래의 방법을 따라 하나씩 두드려보자.

1 · 이경증경의 방법으로 다시 생각하며 풀어본다.
2 · 다음 단계인 '수사 독서'에서 한 번 더 읽으면서 깊이 생각한다.
3 · 독서가 모두 끝난 후에 외부 도움을 받는다. 다른 책을 깊이 읽는다. 전문가의 이야기를 듣는다.
4 · 겸손하게 이해의 때를 기다린다.

아무리 노력해도 해결되지 않는다고 실망할 필요는 없다. 마르틴 루터가 경험을 담아 충고한다.

> "여러분이 아직 젖 먹는 어린아이 단계라면 독한 술을 마시지 않도록 주의하라. 모든 가르침에는 적절한 분량과 시기와 때가 있는 법이다."

모든 가르침에는 때가 있다. 경험이 대답하고 시련이 어루만지고 성장이 눈을 뜨게 해줘야 풀리는 걸림돌이 있다. 디딤돌이 되려고 우리를 찾아온 걸림돌이다. 겸손하게 기다리면 된다. 때로는 해결이 공부가 아니라 기다림이 공부다.

책의 핵심 주장을 정리한다

이야기의 재구성이 끝났다. 마지막 걸림돌도 해결되었다. 이제 저자가 심어놓은 이야기 나무에서 지식의 열매를 거둘 시간이다. 그동안 이해한 것을 종합해서 저자의 주장을 정리한다. 앞서 만든 '이야기의 재구성' 내용을 꼼꼼히 읽으면서 저자의 주장을 따로 모은다.[42] 가장 중요하다고 판단되는 핵심적인 주장이나 사실 10개[43]를 뽑아서 정리한다. 중요한 순서로 정리해도 좋고 논리적인 순서로 정리해도 좋다. 둘을 결합해도 좋다. 때에 따라서는 시간 순서로 정리할 수도 있다. 어떤 식이든 주장을 한눈에 볼 수 있게 정리하면 된다. 각 주장을 정리할 때 저자가 제시한 근거를 함께 묶는 것이 좋다. 그래야 나중에 평가할 때 근거를 따지며 판단할 수 있다. 이야기의 재구성에 있는 요약문들을 그대로 옮기는 것이 아니다. 하나의 주제나 논증을 이루고 있는 것들을 묶은 다음에 주장과 근거를 뽑아서 정리한다. 물론 10개라는 숫자에 얽매일 필요는 전혀 없다. 더 많이 해도 된다.

42• 이 과정에서 다시 한번 이야기가 재구성된다. 여러 개요 안에 흩어져 있던 내용들이 주장을 정리하면서 하나로 묶일 수 있다. 이렇게 묶고 정리하는 과정에서 앞서 배운 "데카르트의 재구성 원리"를 활용할 수도 있다.

43• 일반적으로 쓰는 의미에서 주장과 사실을 구분했지만, 정확하게 말하면 아직 증명되지 않은 '사실'은 모두 '주장'이다. "~하자"라고 강하게 주장했든, "~이다"라고 담담하게 설명했든 상관없이 아직 증명과 판단의 과정이 필요한 명제적인 주장이다. 보편적인 상식과 진리의 차원에서 널리 인정되는 사실이 아니라면, 저자가 아무리 '사실'처럼 말해도 주장으로 보고 판단하고 평가해야 한다.

1947년 김구는 『나의 소원』이라는 글을 통해서 민족이 하나되어 인류를 위해 자유의 나라, 문화의 나라를 세우자고 말한다. 우리 민족은 저력이 있으므로 그런 나라를 만들기 위해서 다같이 교육에 힘쓰자고 말한다. 글을 이렇게 요약하는 것은 좋지만 그것만으로 저자의 주장을 분명하게 알고 평가했다고 말할 수 없다. 아래와 같이 핵심 주장을 추려내야 분명하게 판단할 수 있다. 각 항목의 문장은 최대한 주장과 근거로 구성한다. 물론 근거가 없을 때는 없는 대로 주장만 기록한다. 굳이 근거를 대지 않아도 되는 상황이 있을 수 있다. 만약 근거가 필요한데도 주장만 외치고 있다면 그 모습 그대로 평가 대상이다.

1 · 민족이 하나의 나라를 세워야 하며 사상을 민족보다 앞세우면 안 된다. 피와 역사를 같이하는 민족은 섞일 수 없다. 철학과 정치 · 경제 학설은 일시적이며 민족의 혈통은 영구적이다.

2 · 우리나라의 자주독립과 문화 발전에 인류를 위한 사명이 있다. 세계가 하나되는 이상은 좋지만 각 나라가 먼저 자주독립하고 문화를 일궈낸 후에 서로 도울 때 가능하다. 또한 세계가 문화로 하나되는 것은 아무도 못한 우리 사명이다. 우리는 저력이 있다.

3 · 자유의 나라를 세워야 하며 하나의 사상과 종교를 강요하면 안 된다. 자유의 나라에서만 인류의 가장 크고 높은 문

화가 발생한다. 통제가 위태롭고 부자연스러운 것임을 파시스트 이탈리아와 나치 독일이 증명했다.

4 · 가장 무서운 독재는 어떤 철학을 기초로 하는 계급독재다. 개인 독재자의 독재는 그 사람만 제거하면 되지만, 계급이 독재의 주체일 때는 제거하기 어렵다. 조선은 유교 주자학파 철학에 기초한 양반의 계급독재로 문화를 소멸시키고 나라를 망하게 했다.

5 · 소련 공산당의 독재정치는 가장 철저하고 극단적이며, 세계에 퍼져서 인류의 사상을 통일시키게 된다면 큰 불행이다. 그들이 신봉하는 마르크스 학설을 비판만 해도 죽이는데, 그 학설의 기초인 헤겔의 변증법 이론은 오류가 드러났다.

6 · 미국이 일의 진행이 느린 듯해도 결과적으로 가장 큰 힘을 발휘하는 것은 민주주의 때문이다. 언론의 자유, 투표의 자유, 다수결에 복종이라는 세 가지 절차로 국민의 의사가 결정되면 흔들리지 않으며, 국민의 의견이 움직여야 바뀐다.

7 · 좋은 민주주의 정치는 좋은 교육에서 시작된다. 국론을 결정하는 국민들의 큰 의견은 국민성과 신앙과 철학으로 결정되기 때문에 국민성을 지키고 향상하는 문화와 교육이 중요하다. 좋은 교육은 건전한 철학 위에서 생활의 기술을 가르친다.

8 · 미국의 민주주의 제도가 절대적인 것은 아니다. 정치형태

에도 창조적인 진화가 있을 것이고 우리나라 역사에도 연구할 만한 제도들이 있다.

9 · 높은 문화의 힘을 가진 나라를 세워야 한다. 문화의 힘은 모두에게 행복을 준다. 인류의 행복은 문화에서 나오는 인의와 자비와 사랑에서 오는데 우리나라가 높고 새로운 문화의 근원과 목표와 모범이 되면 세계 평화가 우리나라로 인해서 온다.

10 · 증오의 투쟁을 버리고 화합해야 한다. 적은 물러갔다. 동포간의 투쟁은 망조다. 일본의 패망에서 보듯이 민족의 행복은 계급투쟁에서 오는 것이 아니고 개인의 행복이 이기심에서 오는 것도 아니다. 화합하면 풍요롭고 행복한 나라를 만들 수 있다.

책에 색깔이 다른 여러 주장이 들어 있을 수도 있다. 필요하면 각각의 주장을 정리한다. 예를 들어 플라톤의 『국가』 1권에서는 트라시마코스가 "정의는 강자의 유익"이라 주장하고 소크라테스가 여기에 반박한다. 소크라테스의 주장이 저자 플라톤의 최종 주장이지만 트라시마코스의 주장도 정리해볼 수 있다.

트라시마코스의 주장:

"정의는 강자에게 유익하다. 강자인 참주(僭主)는 불의해서 행복하게 잘 살고, 복종하는 백성은 해를 입고, 정의로운 사람은 불의한 사람보다 항상 더 손해를 본다."

소크라테스의 반론:

"정의가 불의보다 유익하다. 인간이 인간됨의 본질대로 잘 살려면 인간을 인도하는 혼이 훌륭해야 하는데 혼은 정의로울 때(올바를 때) 훌륭해진다. 따라서 정의가 불의보다 훌륭하다. 훌륭하면 행복하다. 행복이 불행보다 유익하다. 결국 정의가 불의보다 유익하다."

물론 1권에 나오는 소크라테스의 주장은 허점들이 있다. 정의(올바름)가 무엇인지 제대로 규정하기 전에 판단부터 한 것도 그렇다. 그래서 플라톤은 2권에서 정의에 대해 계속 논의하면서 주장을 이어간다.

증명되지 않은 사실은 주장일 뿐이다

문학이나 역사를 읽으면 눈에 띄는 주장을 찾기 어려울 때가 있다. 하지만 아무리 사실처럼 말해도 증명되고 인정받기 전에는 여전히 주장에 불과하다는 것을 잊지 말아야 한다. 예를 들어 『윤동주 평전』의 저자는 이렇게 썼다.

"윤동주의 시 중에서 가장 구체적인 현실에 의거하고 있는 가장 강력한 저항시가 바로 이 시 〈참회록〉이다."

이것은 당연한 사실이 아니라 주장이다. 해가 동쪽에서 뜬다는 말과 차원이 다르다. 저자는 주장하고 근거를 제시한다. 설득력 있게 말하는 것은 저자의 몫이다. 독자의 몫은 잘 듣고 정리하고 판단하는 것이다. 위의 내용을 정리하면서 "윤동주는 저항시인이다"라는 더 큰 주장에 포함시켜 생각할 수도 있다. 구체적인 서술문도 중요하지만 큰 방향과 묶음도 볼 수 있어야 한다. 드넓은 이야기의 바다가 펼쳐질수록 더욱 그렇다. 예를 들어 『레 미제라블』은 무엇을 말하고 있는가? 사람은 달라질 수 있다는 것이다. 아무리 비참한 환경과 유혹과 핍박이 있더라도 변할 수 있다는 것이다. 인간은 선택할 수 있고 용서할 수 있고 협력할 수 있다. 물론 배고픈 빵 도둑의 잘못은 그들만 탓할 수 없다. 가난과 무지를 양산하고 낙인찍는 시스템에 저항해야 한다. 혁명해야 한다. 하지만 빵 도둑이 은촛대 도둑이 되고, 은촛대 도둑이 테나르디에가 되는 것은 선택이다. 사람은 달라질 수 있다. 지옥 같은 현실 한복판에서 천사가 될 수도 있고 마귀가 될 수도 있다. 지옥탓만 할 수도 있고 마음에 천국을 품을 수도 있다. 지옥은 당장 부서지지 않더라도 캄캄한 구석 어딘가에 작은 촛불들의 집을 지을 수 있다. 장발장이 바로 그 희망의 증거다.

주장을 정리하기 위해 가장 눈여겨 볼 것은 이야기의 결말과 주인공의 여정이다. 결말은 작가의 최종 주장이고 주인공은 작가의 논리와 논증이다. 주인공의 생애를 따라가면 저자가 힘주어 말하는, 변화와 선택의 지점들이 있다. 그리고 결말에 이르면 최종 결론이 나온다. 주요 지점과 결론을 정리하면 핵심 주장들이 보인다. 담담하게 사실처럼 묘사해도 판단이 필요한 것이라면 주장으로 보고 정리한다.

더불어 여러 등장인물과 사건을 분석하면 다양한 주장을 볼 수 있다. 특히 갈등 장면을 살피면 주장들의 색깔이 분명해진다. 갈등 속에서 여러 논리와 주장이 충돌하고 해결책을 모색하기 때문이다. 일제강점기를 그린 작품에서 등장인물은 각자 삶을 선택한다. 감옥에 가든 친일을 하든 참회를 하든 총을 들든 나름의 주장들이다. 『레 미제라블』에서 장발장, 자베르, 테나르디에는 말로 행동으로 선택으로 작가의 설명으로 뭔가를 주장한다. 등장인물이 부딪히는 사건과 해결도 주장이다. 코제트와 장발장의 충돌, 혁명의 희망과 좌절, 하수도 끝에서 만난 장발장과 자베르, 모든 상황이 주장을 담고 있다. 이야기의 결말이 작가의 궁극적인 주장이기는 하지만 여러 인물과 사건을 통해 경쟁하는 주장들을 살피면 독서의 열매가 더 풍성해진다. @

저자의 주장을 알아보는 몇 가지 방법

논리라는 용어에 압도될 필요는 없다. 독서는 대화다. 기본적으로 잘 들으면 된다. "정말 하고 싶은 말이 뭡니까?"라고 물으면서 읽으면 된다. 저자는 주장할 게 있다. 그래서 책을 썼다. 목소리를 높여서 소리를 지르든 소설의 주인공을 앞세우든 주장할 게 있다. 결국 책에서 주장과 근거만 찾으면 된다. 저자의 주장이 무엇인지, 그 주장이 근거 있는 이야기인지 보는 것이다.

저자의 주장은 입체적으로 살펴야 한다. 우선 넓게 봐야 한다. 책 전체의 그림에서 봐야 한다. 예를 들어 앞서 나왔던 "정의는 강자의 유익"이라는 트라시마코스의 이야기는 『국가』 전체의 주장이 될 수 없다. 때로는 주장을 이해하기 위해서 저자의 다른 책이나 시대 상황까지 시야를 넓혀야 할 때도 있다. 어떤 전제까지 함께 봐야 할 때도 있다. 그래야 신채호의 『조선상고사』를 제대로 알 수 있고, 공자나 플라톤이 여성을 말할 때 균형있게 비판할 수 있다. 또한 저자의 주장은 넓게 보는 동시에 깊게 봐야 한다. 이야기의 뒷면까지 봐야 한다. 어떻게 보느냐에 따라 마키아벨리의 『군주론』은 전혀 다른 주장이 된다.

저자가 주장하는 방식을 알면 이야기가 더 생생하게 다가온다. 옳고 그름을 주장(논증)할 때 가장 많이 쓰이는 두 가지 방식이 있다. 하나는 상식을 이용해서 주장하는 것이다. 다른 하나는 사례를 이용해서 주장하는 것이다. 앞의 것을 연역법(演繹法, deductive method)이라 하고 뒤의 것을 귀납법(歸納法, inductive method)이라 한다. 연역법은 모두가 진리처럼 알고 있는 상식이나 공리(公理, axiom)를 기반으로 주장을 펼친다. 흔히 말하는 삼단논법이 여기 속한다. 튼튼한 전제 위에 하나씩 탑을 쌓는 수학적 방법이다. "상식적으로 이래서야 되겠습니까?"라고 말한다면 연역적이다. 이런 식으로 주장을 펼치는 대표적인 작품으로 유클리드의 『기하학 원론』이 있다. 『미국 독립 선언서』도 그렇다. 먼저 모두가 인정하는 상식으로 시작한다.

> "우리는 다음의 사실을 자명한 진리로 받아들인다. 즉 모든 인간은 평등하게 창조되었고, 창조주는 양도할 수 없는 여러 권리를 인간에게 주었으며, 생명과 자유와 행복 추구의 권리가 여기에 속한다. 이 권리들을 지키기 위해 사람들이 정부를 세웠으며, 정부의 정당한 권력은 정부의 지배를 받는 사람들의 동의에서 나온다."

뒤에서는 영국왕 조지 3세가 이런 자명한 인간의 권리들을 어떻게 침해했는지 길게 고발한 후에 "그러므로" 독립을 선포하고 전쟁할 수밖에 없다고 결론 내린다. 상식에 공감하는 순간 설득력이 커지는 방법이다.

귀납법은 여러 사례를 나열한 다음에 그러므로 이럴 수밖에 없다고 주장한다. 실험 결과로 판단을 내리는 과학적 방법이다. 일기예보가 이렇게 만들어진다. 이런 상황에서 옛날에도 비가 왔고 저번에도 비가 왔다. 그러니 오늘도 비가 올 것이다. "재네들은 그냥 두고 왜 나만 갖고 그래요"라고 말한다면 귀납적이다. 이런식으로 주장을 펼치는 대표적인 작품으로 신약성경의 『로마서』가 있다. 책 앞부분에 보면 세상 사람을 세 부류로 나눈 후에 최종 결론을 내린다.

1 · 엉망으로 사는 사람들은 나쁜 사람이다.
2 · 도덕적으로 보이는 사람들도 알고 보면 나쁜 사람이다.
3 · 성경을 가진 사람들도 알고 보면 나쁜 사람이다.
4 · 따라서 세상사람들은 모두 나쁜 사람이다.

사람들이 말하는 논리 방식을 알면 좀 더 체계적으로 주장을 분석할 수 있다. 하지만 언제나 더 중요한 것은 시인 나태주가 노래한 두 가지 마음이다. 하나는 천천히 살피는 마음이다.

자세히 보아야 예쁘다.
오래 보아야 사랑스럽다.
너도 그렇다.

또 하나는 뜨겁게 사랑하는 마음이다. 그 어떤 분석도 사랑이 열어주는 진심에 미칠 수 없다.

백합꽃 향기 너무 진하여 저녁때
대문이 절로 열렸네

책을 평가할 준비가 되었나요?

다음 단계로 넘어가서 책을 평가하기 전에 반드시 짚고 넘어갈 것이 있다. 책을 정말 이해했는가? 그렇다면 확인해보자.

"지금까지 정리한 것을 어린아이에게 설명할 수 있는가?"

에른스트 곰브리치는 어려운 이야기를 쉽게 풀어내는 탁월한 능력을 가졌다. 어떤 사람들은 전문가인 척하고 싶어서, 또는 능력이 없어서 어려운 말을 남발하곤 한다. 하지만 그는 최고의 전문가이면서도 강단에서 젠체하지 않고 기꺼이 독자들의 식탁에 함께 앉아 이야기를 들려준다. 거기에는 능력도 필요하고 용기도 필요하고 겸손도 필요하다. 그는 이 일을 멋지게 해낸다. 『곰브리치 세계사』에서도, 또한 그 두꺼운 『서양미술사』에서도 마찬가지다. 그는 『서양미술사』 서문에서 이렇게 말하고 있다.

"경험을 통해서 나는 전문 용어나 얄팍한 감상의 나열이 많은 젊은이들로 하여금 평생을 통해서 미술책은 모두 그럴 것이라고 백안시하게 만드는 악습이 되고 있다는 사실을 알고 있다. 나는 이러한 함정을 피하기 위해 지나치게 평범하고 비전문적으로 보일지도 모르는 위험 부담을 안고서도 평이한 말을 사용하려고 성심껏 노력했다.

전문용어를 가능한 한 적게 쓰려는 의도를 내가 독자들을 '무시한다'는 식으로 생각하지 않기를 바란다. 독자들을 일깨워주기보다는 자기를 과시하기 위해 '학술적인 용어'를 남용하는 사람들이야말로 구름 위에서 '우리들을 무시하는' 사람들이 아닐지… 이 모든 것이 저자인 나로서는 힘든 작업이었지만 독자들은 다소 편안하게 이 책을 대할 수 있을 것이다."[44]

어려운 이야기를 어렵게 하는 것은 쉬운 일이다. 쉬운 이야기를 어렵게 하는 것은 간사한 일이다. 쉬운 이야기를 쉽게 하는 것은 정직한 일이다. 하지만 어려운 이야기를 쉽게 하는 것은 위대한 일이다. 여러 사람의 인생에 빛을 줄 수 있는 가치 있는 능력이다. 『서양미술사』에 대한 수많은 찬사 중에서 청소년 시절 인생을 바꾸는 계

44• 에른스트 곰브리치, 백승길 · 이종승 옮김, 『서양미술사』, 예경, 7쪽.

기가 되었다는 예술가들의 고백이 적지 않다. 그리고 이런 시도와 능력이 『곰브리치 세계사』에서부터 빛을 발하기 시작했다고 할 수 있다.

예를 들어 그는 세계사의 문을 열면서 선사시대와 태고(太古)의 이야기를 다루는데, 아주 먼 옛날, 다시 말해서 호랑이가 담배 피던 시절을 지나 호랑이조차 없을 시절로 거슬러 올라갈 때의 막막함과 어려움을 바닥 없는 깊은 우물(Bottomless Well)을 들여다보는 것으로 묘사한다.

> "그러한 우물을 내려다보려니 아찔함에 두 다리가 후들거린다. 그 우물 속에 불붙인 종이를 떨어뜨려보자. 불붙은 종이는 주변의 우물 벽을 비추면서 천천히 아래로 떨어진다… 불빛은 점점 작아져 칠흑 같은 밤의 작은 별처럼 보이더니 끝내는 모습을 감춰 버린다."[45]

45 • 에른스트 곰브리치, 박민수 옮김, 『곰브리치 세계사』, 비룡소, 22~23쪽.

그는 책 곳곳에서 적절한 비유로 우리의 상상력을 자극하며 이야기에 몰두하게 한다.

어린아이에게 설명할 수 있으려면 최소한 세 가지가 있어야 한다.

1 · 내용을 완전히 이해해야 한다.

2 · 아이가 이해하는 말로 바꿔서 말할 수 있어야 한다.

3 · 주위에서 흔히 볼 수 있는 예를 들어서 설명할 수 있어야 한다.

만약 이 세 가지 중에서 한 가지라도 부족하면, 특히 완전한 이해가 없으면, 아이에게 설명하는 것은 불가능하다. 그렇게 설명할 수 없다면 다음 단계를 서두르지 말고 지금까지의 내용을 다시 한번 살펴본다. 그리고 (가상이든 실제든) 다시 어린아이 앞에 서기 바란다. 책 내용도 모르면서 말만 요란한 멍청한 비판과 토론을 하지 않으려면 말이다.

"사연을 듣기 전에 대답하는 자는 미련하여 욕을 당하느니

라" – 솔로몬

논리 단계도 문법 단계와 마찬가지로 정리한 내용을 다른 사람과 이야기하면 좋다. 가족도 좋고 친구도 좋고 독서 모임도 좋다.

· 앎의 실험 노트 ·

다음 이야기를 어린아이에게 설명해보자. 우리가 안다고 하면서 얼마나 모르고 있는지 알게 될 것이다.

· 구르는 돌에는 이끼가 끼지 않는다.

· 죽고자 하면 살고 살고자 하면 죽는다.

· 대한민국은 민주공화국이다.

· 인간은 만물의 척도다.

· 실존은 본질에 앞선다.

삼중 독서법 요약

제2독 : 논리 독서

논리 독서는 책을 분석하고 재구성하는 시간이다.

1 · 어휘 사전을 만들고 궁금증을 해결한다.

1) 책의 키워드를 풀이한다.

2) 나의 관심 주제를 정리한다.

3) 질문과 걸림돌을 해결한다.

2 · 이야기를 재구성한다.

1) 목차별(소제목별)로 이야기를 재구성한다.

① 소제목 하나를 통독한다.

② 단락별로 핵심 문장을 찾아서 핵심 목록을 만든다.

③ 단락별 핵심 목록을 논리적으로 재구성한다.

④ 연결하고 다듬어서 하나의 요약문을 만든다.

2) 필요하면 책의 구조를 재구성한다.

3) 필요하면 심화 연구 주제를 정한다.

4) 목차별 요약문들을 통합해서 책 전체 요약문을 만든다.

3 · 책의 핵심 주장을 정리한다.

1) 남아 있는 질문과 걸림돌을 해결한다.

2) 책의 핵심 주장 10개를 정리한다.

3) 책의 주장을 아이에게 설명하면서 잘 이해했는지 점검한다.

4 · 독서 공동체에서 논리 독서 내용을 나눈다.

◆ 논리 독서를 실천하는 독서노트는 266쪽을 참고하기 바란다.

03

제3독 수사 독서:
사색하고 재창조하기

"이야기로 가슴이 뛰고 예법으로 틀이 잡히고 예술로 꽃핀다" – 공자

낯선 세계에 오면 말부터 배워야 한다. 말을 배우면 통하게 된다. 통하면 마침내 사랑하게 된다.

1653년 제주도에 왔던 하멜 일행도 그랬다. 사실 그들은 조선을 하루 빨리 떠나고 싶었다. 하지만 쉽지 않았다. 조선은 은둔의 나라였다. 외국인들이 고국에 돌아가 조선에 대해서 이야기하는 것을 원하지 않았다. 또한 앞서 왔던 네덜란드 사람 박연이 화포를 잘 다루어서 국방에 큰 도움이 되었기 때문에 조정에서는 하멜 일행도 서울로 오게 했다. 하지만 서양인에 대한 편견과 호기심이 교차하면서

이들은 괴로운 날들을 보내야 했다. 탈출밖에 길이 없어 보였다. 조선에 잘 정착한 박연은 다른 생각 말고 적응하길 권했지만 불안은 가시지 않았다. 견디다 못해 몇몇이 중국 사신을 찾아 가서 도움을 청했다. 조정이 발칵 뒤집혔다. 외교 문제로 번질 상황이었다. 북벌을 계획하던 효종 입장에서는 서양인들의 존재가 중국에 알려지는 것이 부담스러웠다. 순식간에 하멜 일행은 불편한 존재가 되었다. 죽여서 화근을 없애자는 의견이 커졌다. 하지만 왕은 그들을 죽이지 않고 유배를 보냈다. 상황상 풀어줄 수는 없으나 그것이 생명을 지켜주는 가장 좋은 방법이었다. 1656년 3월의 일이었다.

그들은 전라도 강진에 수용되었다. 싫든 좋든 이 낯선 세계에서 살아가야 했다. 담당 관리가 누구냐에 따라 삶은 천국과 지옥을 오갔다. 선을 베풀고 자유를 주는 사람도 있었고 죽을 만큼 일을 시키는 사람도 있었다. 그 속에서 그들은 조선의 말과 풍습을 익혀갔다. 남(南)씨 성을 가진 조선식 이름도 받았다. 그리고 몇몇은 사랑에 빠졌다. 조선 여인을 만나 가정을 이루고 아이를 낳았다. 앞서 왔던 박연은 이미 오래전에 가정을 이루고 있었다. 무과에 급제해서 관리가 되었고 조선의 총포를 만드는 데 큰 공을 세우기도 했다. 만약 중국 사신과의 문제가 없었다면 하멜 일행도 박연처럼 유배되지 않고 서울에서 관리가 되었을지도 모를 일이다. 지금도 강진에 가면 그들이 조선과 교차했던 삶의 흔적들이 남아 있다. 네덜란드식 돌담과 물길이 있고 연장들이 남아 있다.

유배의 삶은 늘 불안정했다. 몇 년간 큰 기근이 들어 식량이 떨어지자 1663년 이들은 그동안 일군 터전을 떠나게 되었다. 지난 10년간 병마와 고초로 여러 동료들이 생을 마쳤고 남은 22명이 세 군데로 흩어져 살게 되었다. 하지만 장소만 흩어진 것이 아니었다. 그들의 삶도 차이를 보이기 시작했다. 지역에 따라, 또한 누가 담당자로 오느냐에 따라 삶은 롤러코스터였다. 이대로 가면 영원히 노예처럼 살 것이라 생각한 8명이 1666년 9월 마침내 탈출에 성공해서 일본에 도착했다. 난파된 지 13년 만이었다.

하지만 일본에서도 곧바로 자유을 얻지는 못했다. 일본은 일행을 1년 동안 억류하며 심문했다. 네덜란드와 조선 사이의 중개무역으로 재미를 보면서 서양문물의 위력에 놀라고 있던 일본으로서는 그냥 넘어갈 수 없었다. 다행히 일본은 의심을 풀었고 일행은 네덜란드로 돌아가게 되었다. 또한 일본과 조선의 협상으로 조선에 있던 나머지 8명도 고향으로 돌아갈 수 있게 되었다. 그런데 초대받은 8명 중 한 사람은 다른 선택을 했다. 조선을 떠나지 않았다. 전라도 남원에 살고 있던 요리사 얀 클라슨(Jan Claeszen)이었다. 그는 이미 조선 여인을 사랑하며 가정을 이루고 있었다. 그는 남기로 했다. 36세에 조선에 와서 49세가 된 그에게 조선은 떠날 곳이 아니라 머물 곳이었다. 사람들은 그의 뜻을 존중했다. 하지만 여러 마찰과 위험을 피하기 위해서 공식적으로는 그를 병으로 죽은 것으로 처리하고 7명이 돌아갔다. 그는 조선 어딘가에 남아 인생을 마쳤다. 그것이 끝이 아니다. 어떤 사람들은 『하멜 표류기』의 기록을 토대로 마지막 남은 22명 중에서 탈출한 8명과 나중에 온 7명과 남은 얀 피터슨 1

명을 제외한 나머지 6명의 행방이 묘연한 것에 주목하기도 한다. 죽었다는 기록도 살았다는 기록도 없기 때문이다. 죽음을 별도로 기록하지 않았을 수도 있지만 일찌감치 조선에 정착했을 가능성도 있다. 어떻든 조선의 관리가 되었던 박연과 얀 클라슨은 결혼을 하고 자손을 낳은 것으로 보인다. 하멜 일행이 살았던 지역의 남(南)씨성 족보에서 흔적을 보았다는 사람도 있고, 구한말 조선에 온 선교사가 남원 지역에서 서양인을 닮은 조선인을 봤다는 이야기가 전해지기도 한다.

낯선 세계에 떨어진 사람들은 각자의 방식을 선택했다. 고국으로 돌아간 하멜은 자신을 고용했던 동인도연합회사(VOC)에게 지난 13년이 버린 시간이 아니라 원래 업무의 연장임을 인정받아야 했다. 조선에서의 생활을 담담하게 정리해서 『하멜 표류기』를 만들었다. 1668년 사내 보고용으로 만든 작은 보고서는 출판되자마자 선풍적인 인기를 끌며 낯선 나라에 대한 관심을 불러일으켰다. 어떤 사람은 낯선 세계에 남았다. 어떤 사람은 그 세계의 이야기를 책으로 전했다. 그들의 선택은 달랐지만 중심은 같았다. 구경만 한 것이 아니라 그 세계를 살았다. 온 존재를 다해 부딪히며 살았다.

삼중 독서의 마지막 단계는 수사 독서다. 350년 전 하멜 일행처럼 책의 세계를 경험하는 단계다. 지금까지 읽고 정리한 것들을 평가하고 소화하고 표현하는 단계다. 논리의 명쾌함을 넘어선다. 삶의 신비와 아름다움에서 기쁨을 느낀다. 어학공부에서 주로 '쓰기'와 '말하기'에 해당된다. 하지만 단순한 논술이나 웅변술 훈련이 아니다.

소크라테스가 변론하면서 말한 대로 "진실을 말하는 사람"이 곧 "언변에 능한 사람"인 것을 깨닫는 시간이다. 배운 원리들이 나와 통합되고 내 안에서 연결된다. 『대학』의 가르침대로 사물을 탐구하여 앎에 이른 것이 마음과 뜻으로 이어지는 출발점이요 인생과 가족과 나라와 인류의 르네상스를 꿈꾸기 시작하는 곳이다(物格而后知至 知至而后意誠 意誠而后心正 心正而后身修 身修而后家齊 家齊而后國治 國治而后天下平).

수사학은 인생의 공부라고 할 정도로 다양한 영역과 연결되어 있다. 연애 편지 쓰기와 음악 감상에서 정치인의 연설까지 자기를 표현하는 곳이면 어디에나 걸쳐 있다. 학문 영역에서는 지식 통합과 깊은 관련이 있다. 독서에서도 주제별로 묶어 읽거나 저술 작업을 하는 데까지 확장할 수 있다. 이야기야 무궁무진하지만 우리가 집중할 범위는 분명하다. '한 권의 책'을 제대로 읽고 소화하는 것이다.

수사 독서 단계에서는 다음 세 가지 작업을 차례로 진행한다.

1 · 책을 평가한다. 관점을 꿰뚫고 시비(是非)를 가린다.

2 · 책을 묵상한다. 가슴으로 삶으로 끌어들이며 읽는다.

3 · 서평하고 토론한다. 책을 가운데 놓고 인생들이 마주한다.

수사 독서는 대화를 넘어 사랑으로 이어진다.

수사 1

판단의 저울

"생각 없는 공부는 신기루이고 공부 없는 생각은 모래성이다." –공자

우리는 판단을 잃어버린 시대에 살고 있다. 옳고 그름의 판단은 고양이 목에 방울 달기가 되었다. 선악의 판단은 둘째치고 작은 결정마저 사람들은 피하고 싶어한다. 철학적인 이유로, 현실적인 이유로, 때로는 눈치를 보느라 사람들은 판단을 중단했다. 인문교육은 처음부터 판단을 훈련하는 과정이었다. 자유인은 판단하는 사람이다. 판단을 남의 손에 맡긴 사람을 노예라 부른다.

판단은 논리와 수사를 연결한다. 아리스토텔레스는 『수사학』에서 논리학과 수사학 사이에 유사한 부분이 많다고 말한다. 또한 특정한 전문가의 영역이 아니라 모든 사람과 관련이 있다고 말하면서 누구나 어떤 주장에 대해서 질문하고 변호하고 비판하기 때문이라고 한다. 그의 말처럼 주장을 검토하려면 논리학이 필요하고, 주장을 전

달하려면 수사학이 필요하다. 검토에도 판단이 있고 전달에도 판단이 있다. 판단은 양쪽에서 중요한 역할을 하면서 둘을 이어준다. 이해하고 검토한 것을 평가하고 표현하는 것이 수사 독서다.

평가는 자연스러운 소통 과정이다. 책을 손에 잡았을 때 우리는 이미 평가를 했다. 책을 친구에게 소개하려면 먼저 평가가 필요하다. 여기에 더 시간을 쏟고 내 지식에 통합하고 내 인생에 반영하려면 평가해야 한다. 무엇보다 열심히 수고한 저자에게 반응해주는 것은 어떤 식으로든 꼭 필요한 일이다. 책을 산 것도 저자에게 보답이 되지만 평가해야 더 큰 선물이 된다. 정성스럽게 식탁을 차려준 배우자에게 아무말도 안 하고 밥만 먹는 사람은 최소한의 예의가 없는 사람이다.

평가에 있어 중요한 것은 기준과 태도다. 논란이 많을 것 같지만 사실은 간단하다. 올바른 기준을 가지면 복잡할 게 없다. 평가를 자존심 싸움이 아니라 진리를 찾아가는 과정으로 여기면 된다. 어거스틴은 『고백록』에서 논쟁하는 과정에서 잘못된 모습을 보이는 사람들을 이렇게 비판했다.

> "그들은 진리를 사랑하는 것이 아니라 자신들의 견해를 사랑합니다. 그들이 진리를 사랑한다면 다른 사람의 진실한 견해도 자신들의 견해만큼 존중할 것입니다. 내가 그들이 진리를 말할 때 그것을 존중하는 것은 그것이 그들의 견해여서가 아니라 진리이기 때문입니다. 그 견해가 진리라면 그들의 것이 아

닙니다. 만약 그들이 어떤 견해를 진리이기 때문에 사랑한다면 그것은 그들의 것이며 또한 나의 것입니다. 왜냐하면 그것은 진리를 사랑하는 모두의 공동 소유이기 때문입니다."

진리를 사랑한다면, 지금은 희미해도 그것을 추구한다면, 그 마음으로 평가한다면, 저자와 독자, 찬성자와 반대자 사이에는 문제될 것이 없다. 중요한 것은 지식이 아니라 태도다. 진리를 향한 태도다.

지금까지 이해하고 정리한 내용을 바탕으로 총 세 가지 영역을 평가한다.

[문법적 평가] 세계관 분석

책은 세계다. 작가가 그리는 세계의 틀을 분석한다. 앞서 '마음을 인도하는 세 가지 등불-관점 훈련'에서 살폈던 내용이다. 책의 세계가 움직이는 원리, 인간(등장인물)의 몸부림, 문제와 갈등, 해결의 열쇠를 알아본다. 책에 여러 세계관이 등장할 수도 있다. 우선 작가가 결론으로 말하는 최종 세계관에 집중하되 필요하면 다른 세계관도 살펴본다. 소설이라면 이야기의 결말이나 주인공의 가치관을 중심으로 본다. 제대로 분석하기 위해 나의 세계관과 비교한다. 이것은 옳고 그름을 판단하는 것이 아니다. 작가의 주장과 주인공의 행동을 제대로 이해하기 위해 근원을 분석하는 것이다. 길거리에 있는 노숙자를 보고 어떤 사람은 (의지가 부족한 사람이라서) "게으르다"고 말하고, 어떤 사람은 (기회를 박탈당한 사람이라서) "불쌍하다"고 말할 때 말끝만 붙잡고 판단하는 것은 어리석다. 개인적 자유를 중시하는 세계관과 사회적 평등을 중시하는 세계관의 차이를 아는 것이 우선이다. 세계관 자체가 부실하거나 세계관에 대한 말과 행동이 다를 때 비판할 수는 있으나 책의 세계관을 이해하고 존중하는 것이 언제나 먼저다.

[논리적 평가] 주장 평가

논리 단계에서 마지막으로 정리했던 "책의 핵심 주장 10가지"를 가지고 책의 주장을 판단한다. 말그대로 옳고 그름을 판단한다. 예를 들면 김구가 『나의 소원』에서 "사상보다 민족이 우선"이라고 주장한 것을 어떻게 생각하는가? 버트런드 레셀이 『자살은 불법인가?』에서 "자살은 불법이 아니다"라고 주장한 것은 어떻게 생각하는가? 러셀의 주장처럼 내 생명은 정말 내 소유물인가? 시계를 산 것과 생명을 가진 것이 정말 같은 맥락인가? 찬성, 반대, 유보 중에서 하나를 선택하고, 선택한 이유와 판단 근거를 분명히 제시한다. 단순히 감정적으로 판단하면 평가와 토론은 아무 의미도 없고 열매도 없다. 참고로 유보는 결정을 회피하는 뜻이 아니다. 저자의 설득력이 약하다거나 내용을 다 이해하지 못했다는 솔직한 고백이다.

[수사적 평가] 공감 평가

책이 이야기하는 방식과 그 성과를 평가한다. 공감과 설득력, 전달 방식과 표현법 등을 평가한다. 장단점을 본다. 책의 주장에 반대해도 책이 가진 미덕을 본다. 찬성해도 아쉬운 약점이 있다면 넘어가지 않는다. 색인해놓은 '좋은 구절'들을 살펴보면 수사적 평가에 도움이 된다.

비판할 때 감정으로 해서는 안 된다. 분명한 근거가 있어야 한다. 우리나라 최초의 야담집 『어우야담(於于野談)』은 점잖은 양반들이 볼 때 불편한 책이었다. 조선의 선비 장유(張維)도 비판했다.

> "유몽인(柳夢寅)이 지은 『어우야담』은 거리에 떠도는 비루한 이야기를 기록한 것으로 간간히 시를 논하고 우리 시조에 대한 옛날 이야기도 들어 있다. 우연히 한 권을 얻어 살펴볼 기회가 있었는데 내용이 심히 저속하고 기록 역시 잘못된 곳이 많았다. 책에는 박원종(朴元宗)이 36세에 영의정이 되었고, 홍유손(洪裕孫)이 90세에 아들을 낳았고, 김수온(金守溫)이 대제학이 되었다고 기록되어 있으나 다 잘못된 이야기다."

그는 이 책을 부정적으로 보았지만 감정에 머물지 않았다. 사실관계의 잘못을 근거로 신뢰성을 비판했다.

반대하는 이유가 뭐죠?

저자의 주장에 찬성하든 반대하든, 또는 유보적인 입장을 취하든 분명하고 논리적인 이유가 있다면 문제가 없다. 어떻든 우리는 진리에 좀 더 가까이 간 것이다. 하지만 많은 경우에 우리는 엉뚱한 확신 속에서 엉뚱한 이유로 진리에서 멀어진다. 특히 저자의 주장에 반대하고 싶을 때, 우리가 우물에 갇혀 있는 것은 아닌지 돌아보면서 지경을 넓힐 수 있는 기회를 만났을 때, 다시 주저앉곤 한다. 이때야말로 '왜'라는 질문을 던져서 우물을 부수고 바다로 갈 절호의 기회다.

프랜시스 베이컨은 『신기관』이라는 책에서 진리에 가는 길을 방해하는 것들을 '우상'이라고 불렀다. 누군가의 주장을 판단하는 순간은 언제나 우리가 우상의 노예로 사는 것은 아닌지 판단할 좋은 기회다. 베이컨은 네 가지 우상이 있다고 보았다. 모래를 체로 쳐서 금을 걸러내듯이 최종 판단을 하기 전에 판단의 기준과 과정에 불순물이 없는지 살펴야 한다.

1. 종족의 우상(Idols of the Tribe)

인간이라는 종족은 모두 한계를 가지고 있다. 인간의 감각은 믿을 게 못 된다. 같은 것을 봐도 사람마다 판단이 다르다. 슬프지만, 그렇다고 지성이 완전한 것도 아니다. 왜곡된 거울이다. 만물을 뒤틀리게 만든다. 질서 없는 것에까지 질서가 있을 것이라는 환상에 빠지는가 하면, 한번 맞다고 생각하면 아무리 증거가 있어도 절대 바꾸려 하지 않는다. 감정과 감각과 상상력에 끌려다니고, 잘못된 방향으로 생각을 시작해놓고 멈출줄 모른다. 한마디로 말해서 모든 인간은 선입견과 감정과 감각의 영향에서 자유롭지 못하다. 따라서 우리는 판단을 내릴 때 항상 겸손해야 한다. 나이가 많고 학벌이 높다고 이런 한계에서 자유로워지는 것이 아니다.

찬성하거나 반대하는 이유는 무엇인가? 분명한 근거와 논리적인 타당성이 있는가? 감정이나 다른 것들에 영향을 받고 있는 것은 아닌가?

2. 동굴의 우상(Idols of the Cave)

사람들은 자기만의 어두운 동굴이 있다. 유달리 약한 부분, 유달리 집착하는 부분이 있다. 기질과 경험이라는 동굴일 수도 있다. 잘못된 교육과 환경이 만든 집착의 동굴일지도 모른다. 그 동굴이 크고 밝은 세상으로 나가는 것을 막는다. 사람에 홀리고 이론에 빠져서 헤어나올 줄 모른다. 자존심과 공들인 시간 때문에 거부하는 것인지도 모른다. 판단하는 관점은 치우칠 때가 많다. 새것이 좋은가, 옛것이 좋은가? 말이 중요한가, 행동이 중요한가? 통합적으로 보는 게 좋은가, 분석적으로 보는 게 좋은가? 정답 없는 질문들이다. 하지만 우리는 대개 한쪽을 더 선호한다. 그리고 그 '취향'이 진리인 것처럼 칼을 휘두른다. 우리는 판단을 내릴 때 항상 반대편의 관점에 설 수 있어야 한다. 요식 행위가 아니라 정말로 두 관점을 교차하면서 생각할 수 있어야 한다.

찬성하거나 반대하는 이유는 무엇인가? 분명한 논리는 없고 취향에 가까운 것은 아닌가? 모든 것을 항상 거의 본능적으로 그렇게 판단하지는 않는가? 반대편에 있는 다른 관점은 무엇인가? 반대 관점으로 생각하면 찬성이나 반대가 뒤집어지지는 않는가? 두 관점을 교대로 생각하면 어떤 결론을 내릴 수 있는가?

3. 시장의 우상(Idols of the Market Place)

시장에 가면 대화의 향연이 끝없이 펼쳐진다. 사람들은 소통을 원하지만 그만큼 오류 또한 난무한다. 무엇보다 말 때문에 문제가 생긴다. 언어는 소통의 열쇠인 동시에 걸림돌이다. 지식과 배움에서 가장 큰 말썽을 일으킨다. 단어의 선택과 이해에 문제가 생기면서 토론은 쳇바퀴 논쟁이 되고 배움은 허깨비에 홀려 낭떠러지로 간다. 모두가 안다고 믿는 단어는 모두가 오해하는 것이고, 명확한 단어를 다시 세우려는 시도는 거센 저항에 부딪힌다. 사람들은 자신이 이성적으로 언어를 사용한다고 믿지만, 실제는 자기도 모르게 언어의 감옥에 갇혀 있을 때가 많다. 추상적인 단어를 사용할 때도 주의가 필요하지만, 실체가 있는 단어일 때도 제대로 정의했는지 주의해야 한다. 저자의 단어와 말을 엉뚱하게 해석하고 엉뚱하게 결론내는 경우가 얼마나 많은가? 독서할 때는 선입견을 버리고 저자가 사용한 뜻대로 책의 단어를 이해해야 한다. 글을 쓰거나 토론을 할 때 효과적인 소통을 하려면 뜻의 범위가 좁고, 구체적인 실체를 가진 단어를 사용하는 것이 좋다.

찬성하거나 반대하는 이유는 무엇인가? 저자가 사용한 단어에 대한 선입견과 오해 때문은 아닌가? 책의 키워드를 다시 한번 살펴보자. 저자가 의도한 뜻대로 이해하고 있는가?

4. 극장의 우상(Idols of the Theater)

영화나 연극은 현실을 반영하지만 동시에 왜곡할 수 있다. 현실을 이해하고 개선한다는 명목으로 등장한 이론과 학설들 역시 똑같은 잘못을 저지를 수 있다. 영화 속 영웅을 현실의 영웅으로 착각하듯이 특정한 이론을 절대시하면 오히려 현실을 망칠 수 있다. 특히 인기있고 권위있는 이론일수록 조심해야 한다. 사람들은 빨리 결론을 내리고 싶어하는 속성이 있다. 모르는 것을 모른다고 말하지 못하고 몇몇 사실을 과장하면서 이론 체계를 서둘러 완성시킨다. 이론가는 성급하게 체계를 완성시키고, 사람들은 성급하게 그 체계에 안주한다. 잘 짜인 각본의 영화에 박수를 치는 것일 뿐 현실은 아니다. 모든 이론에는 허점이 있다. 이성 중심의 이론은 현실을 왜곡하고, 현실 중심의 이론은 황당한 결론을 낸다. 이성도 현실도 아닌 미신 중심의 이론은 해악을 끼친다. 아리스토텔레스의 논리학은 자연 탐구를 방해했고, 몇몇 실험에 미친 사람들은 연금술사가 되었다. 피타고라스는 숫자를 신으로 섬겼다. 위대한 천재들이 오류에 빠진다면 우리는 두말할 필요가 없다. 우리의 지성은 늘 함정에 빠질 위험에 놓여 있다. 그렇다고 판단 자체가 쓸모없다고 말하는 회의론이 결론일 수는 없다. 지성의 위험을 피한다면서 지성 자체를 죽이는 일이다.

찬성하거나 반대하는 이유는 무엇인가? 어떤 이론 체계를 잣대로 삼고 있는가? 그 체계를 점검해보았는가? 지나치게 신봉하고 있는 것은 아닌가? 어떤 약점이 없는가? 그런 약점에도 불구하고 이 책을 타당하게 평가하고 있는가? 이 책이 또 다른 이론 체계를 생각할 기회를 주고 있지는 않은가?

지금까지 말한 네 가지 우상이 공통적으로 주는 경고는 분명하다. 어떤 것도 섣불리 판단하지 말라는 것이다. 어떤 전제와 이론 체계도 무조건 절대화하지는 말라는 것이다. 불신과 회의주의의 늪에서 허우적대라는 말이 아니다. 돌다리를 두드리고 건너라는 것이다. 질문할 용기와 오류 가능성에 대한 겸손이 있다면 우리는 두려울 것이 없다. 판단이 필요한 그 순간이야말로 우리가 배우고 성장할 수 있는 위대한 기회의 순간이다. @

수사 2

묵상하며 읽기

"내려갈 때 보았네 / 올라갈 때 못 본 / 그 꽃" – 고은

독서는 대화라 했다. 말은 그랬지만 연구하느라 어쩔 수 없이 책은 자주 사물이었다. 이해되고 분석되고 평가되었다. 분해를 이제 끝낸다. 책은 사람이다. 독서는 정말, 대화다. 구경이 아니라 토론이다. 사랑이다. 차 한잔 들고 음악을 틀고 의자에 앉는다. 초인종 소리. 책을 초대하고 즐길 시간이다. 벌판에 집을 지으며 뿌듯해하면서도 정작 집에서 쉬는 기쁨은 누리지 못했다. 수집할 것도 없고 따질 것도 없다. 못 보던 꽃을 보며 바람을 느끼며 햇살을 휘젓는다. 텍스트의 풀밭에 누워 하늘을 본다.

책과 나만 남고 모두를 내보낸 독서의 시간을 묵상이라 한다. 마르틴 루터가 말한 '텍스트의 되새김'이 있고, 공자와 주자가 말한 '배운 것의 사색'이 있는 곳이다. 묵상은 수많은 스승들의 열쇠였다. 칸트는 『실천이성비판』에서 우주와 인간을 경이롭게 바라보았다.

> "생각하면 할수록 생각이 깊어지면 깊어질수록 더욱더 새롭고 커다란 감탄과 경이를 자아내며 마음을 채우는 것이 두 가지 있다. 내 위에 별이 빛나는 하늘과 내 안의 도덕법칙이다."

이 둘은 찬란하지만 감탄만 가지고 탐구에 달려들면 허망하게 끝난다고 그는 말한다. 우주 탐구는 점성술로 끝나고 인간 탐구는 미신으로 끝난다. 올바른 방법과 내면화가 없는 탐구는 그 대상이 아무리 찬란해도 허망하게 끝난다. 우리의 독서도 다르지 않다. 책을 통해 자연이나 신에 감탄해도, 인간의 위대함을 배워도 허망하게 끝난다. 칸트는 허망한 끝을 끝낼 유일한 해결책으로 철학을 제시한다. 하지만 그 철학은 특정 과목이나 지식 체계나 법칙을 뜻하는 것이 아니다. 명사로서의 철학이 아니라 동사로서의 철학이다. 철학함이다. 생각함이다. 칸트는 명사로서의 철학은 허상이라고 말하면서 구체적으로 길을 안내한다.

> "우리는 철학함을 배울 수 있을 뿐이다. 즉 보편적 원리를 따르는 이성의 능력을, 우리 눈 앞에 있는 어떤 시도들을 가지고 연습할 수 있을 뿐이다."

칸트가 말한 우리 인생의 인도자되는 철학함, 다시 말해 '제대로 생각함'은 허공을 응시하며 마음을 비우는 것이 아니요, 스스로 창안한 생각 훈련법에 몰두하는 것도 아니다. 논리적으로 생각하는 것이 중요하지만 전부는 아니다. "우리 눈 앞에 있는 어떤 시도들", 다시 말해 제대로 생각하고자 했던 인류의 스승들이 남긴 유산을 바탕으로 생각을 "연습"하는 것이다. 책을 읽고 머리로 끝내는 것이 아니라 가슴으로 삶으로 끌어들이며 연습하는 것이다. 사색이며 훈련이며 묵상이다. 칸트는 매일 묵상한 사람이다. 독서와 산책이 언제나 하루의 중심이었다. 그는 앞선 이들의 책을 읽었고 홀로 산책했다. 길을 걸으며 밤하늘의 별을 보았고 그 별이 자기 안에도 빛나고 있는 것을 보았다. 그의 묘비에는 오늘도 "내 위에 별이 빛나는 하늘과 내 안의 도덕법칙"이라는 문구가 빛나고 있다. 우리의 독서는 여기까지 와야 한다.

책을 마지막으로 한 번 더 읽는다. 문법과 논리 단계의 독서가 등산이었다면 수사 단계의 독서는 산책이다. 힘들게 올라왔다가 즐겁게 내려가는 하산길이다. 익숙해진 산이고 낮아진 산이기에 장비도 최소한이다. 세 가지 질문만 있다.

1 · 무슨 말을 하고 있는가?(주제와 줄거리)
2 · 맞는 말을 하고 있는가?(책의 주장과 나의 평가)
3 · 그러면 나는 어떻게 살 것인가?

앞의 두 가지 질문은 이미 살펴보았다.
무슨 말을 하고 있는가?
저자의 이야기를 있는 그대로 듣고 요약하는 질문이다. 공자와 아리스토텔레스 같은 스승이 알려준 지혜다. 삼중 독서의 문법 단계 접근이다.

맞는 말을 하고 있는가?

저자의 주장을 파악하고 평가하는 질문이다. 데카르트, 정약용, 어거스틴 같은 스승이 알려준 지혜다. 삼중 독서의 논리 단계 접근이다. 평가를 하면서 수사 단계로 자연스럽게 이어진다.

책과 대화를 잘하기 위해 이 질문들을 한번 더 품고 간다. 이전에 없던 질문이 마지막에 더해졌다. "그러면 나는 어떻게 살 것인가?" 배운 것을 익히고 연습하고 실천하고 성찰하도록 강조하면서 증자와 이율곡 같은 스승이 알려준 질문이다. 수사 단계의 질문이며 삶의 질문이다. 이 질문이 없다면 책은 책이고 나는 나로 끝난다. 책과 나를 연결하는 질문이다. 나를 돌아보지 않는다면, 삶이 달라지지 않는다면, 독서는 해서 무엇하고 학문은 또 해서 무엇하는가? 모든 만남과 배움의 최종 질문이다. 묵상은 책의 신전에 들어가는 것이 아니다. 책을 내가 있는 삶의 현장으로 데려오는 것이다. 묵상의 시간표엔 산책과 출근이 함께 있다. 사색만 하는 것도 아니고 현실만 주장하는 것도 아니다. 생각하고 결심한다. 이번 독서는 자유롭다. 필기에 너무 힘을 쏟을 필요가 없다. 질문에는 간단히 메모로 답한다. 한번에 얼만큼 읽을지도 자유다. 책과 내가 멈추면 거기가 쉬는 자리요 생각하는 자리다. 끌어안는 자리요 논쟁하는 자리다.

산책의 시간. 말은 그런데 지금까지 이야기한 것이 오히려 산책을 방해할지도 모르겠다. 철학함이니 세 가지 질문이니 하는 말들이 무거운 배낭이 되어 산책길에 따라다닌다면 어떻게 텍스트의 풀밭에 누워 하늘을 보겠는가? 어떻게 "올라올 때 못 본 그 꽃"을 발견하겠는가? 여전히 분석을 해야 한다는 부담이 크다면 다 내려 놓기 바란다. 질문도 필요 없고 메모지도 필요 없다. 책만 하나 있으면 된다. 분석도 필요 없다. 즐거움이 먼저다. 지금까지 분석한 것은 더 깊게 더 즐겁게 만나기 위해서였다. 낯선 세계와 소통하려고 언어를 배우고 이야기를 듣고 주장을 살폈다. 도구와 훈련이 필요한 단계는 지났다. 자유로워야 한다. 책과 나만 남고 모두 내보내야 한다. 즐기지 못하고 분석의 칼만 들고 있는 자신을 발견했다면 『허클베리 핀의 모험』에서 마크 트웨인이 군사령관을 통해 경고한 말을 새겨 들어야 한다.

> "이 이야기에서 동기를 찾으려는 자는 고소당할 것이며, 교훈을 찾으려는 자는 추방당할 것이며, 줄거리를 찾으려는 자는 총살당할 것이다."

틀에 박힌 생각과 위선을 견디지 못하는 소년이 모험을 떠난다. 그 여정에 독자를 초대하면서 작가는 분석의 칼을 내려놓으라고 경고한다. 문학을 난도질하는 사람에 대한 비판을 담고 있지만 어디 문학뿐이겠는가? 어떤 책을 읽든 스스로 돌아볼 일이다. 심장이 뛰고 있는가? 수사 독서는 가슴으로 읽는다. 삶으로 읽는다. 무거운 배낭을 내려 놓고 산책을 시작하자. @

수사 3

서평과 토론

"배우고 익힘이 있고, 멀리서 찾아오는 친구가 있고, 세상 평판에 휘둘리지 않으니, 그것이 기쁨이요, 즐거움이요, 사람다운 사람이 된 것이다" -다시 만난 공자

배우고 익힌 것을 들고 이제 친구들을 만날 차례다. 우리는 삼중 독서의 마지막 지점에 도착했다. 쓰는 독서, 말하는 독서다.

배움을 정리하고 나누기 위해 서평을 쓴다

먼저 책에 대해서 쓴다.[46] 아무리 감격이 크고 생각이 많아도 쓰지

46• 독서한 마음을 표현하는 방법은 "쓰는 것" 말고도 많다. 그림을 그릴 수도 있고 노래나 연주를 할 수도 있다. 무엇보다 삶으로 실천한다면 가장 찬란한 표현 방식일 것이다. 그럼에도 불구하고 "쓰는 것"은, 읽는 것과 직접적으로 짝을 이루면서 가장 보편적이고 근원적인 방식으로 표현하고 소통하는 길을 열어준다.

않으면 지식이 되지 않는다. 펜을 들어야 관념이 실체가 된다. 뜬구름이 비가 된다. 신호가 음악이 된다. 꿈과 땀 사이에 글이 있다. 쓰면 된다. 잘 쓰려 하지 말고 자랑하려 하지 말고 책과 나눈 대화들을 그저 옮기면 된다. 무슨, 대학 논술 글쓰기 훈련 따위의 초라한 이유를 내던지고 깜빡이는 커서의 리듬을 타고 키보드를 타닥거리면 된다. 거미가 실을 뽑듯이 하나둘 끌어내면 된다. 권위자의 말 뒤에 숨어 조마조마 말을 내뱉지 말고 나는 이렇게 만났노라 외치면 된다. 내가 갔던 무릉도원은 나밖에 전할 자가 없다. 서평을 쓰는 것은 갔던 그곳 무릉도원에 대한 최소한의 예의요 사명이다. 한세월 그러다 보면 책에 대해 쓰던 사람이 어느새 책 쓰는 사람이 되는 것이 지식 여정의 이치다. 정약용은 자녀들에게 좋은 글을 쓰기 위해 먼저 좋은 책을 깊이 읽으라고 권하면서 자연스럽게 찾아올 일을 이렇게 말하고 있다.

> "이렇게 행하고 나면 안개 자욱한 아침이나 달빛 흐르는 밤, 길게 드리운 그늘이나 가랑비로 촉촉한 어느 날 문득 마음이 동하고 생각이 떠오르면서 저절로 시가 나오고 글이 나올 것이다. 천지는 청명하게 소리내고 시인은 생생하게 글을 지을 것이다."

책을 사랑했던 정조는 늘 서평을 남기고 그것을 다시 책으로 엮었다.

"나는 젊어서부터 독서를 좋아해서 바쁘고 소란스러운 와중에서도 하루도 정해 놓은 분량을 읽지 않은 적이 없었는데, 읽은 경전(經)·역사(史)·제자백가(子)·개인문집(集)을 대략만 계산해 보아도 그 수가 매우 많다. 그에 대한 독서기(讀書記)를 만들고자 하여, 네 가지로 분류한 다음 각각의 책 밑에 편찬한 사람과 일러두기를 상세하게 기록하였으며, 끝에는 어느 해에 송독했다는 것과 나의 평론을 덧붙여서 하나의 책을 만들었다. 이는 대개 내가 책에서 품평한 것을 사람들이 모두 두루 볼 수 있을 뿐만 아니라, 나 또한 여가 시간에 한가히 뒤적이면 평생의 공부가 낱낱이 눈에 들어와, 반드시 경계하고 반성할 곳이 많을 것이기 때문이다."[47]

방식은 어렵지 않다. 어려우면 계속하지 못한다. 정조는 읽은 책의 분류, 저자, 내용 소개 그리고 자신의 평가 순으로 썼다. 이미 우리가 정리한 내용들이다. 서평은 어렵지 않다. 우리가 묵상한 내용을 다듬어 쓰면 된다.

1 · 무슨 말을 하고 있는가?

2 · 맞는 말을 하고 있는가?

47 • 정조, 〈일득록 2〉, 『홍재전서』, 제162권, 한국고전번역원. 그대로 인용하되 일부 어려운 용어를 쉬운 말로 바꿨다.

3 · 그러면 나는 어떻게 살 것인가?

1번은 관찰 질문이고 옛것을 익히는(溫故) 질문이다. 2, 3번은 평가와 적용 질문이고 새것을 알게 되는(知新) 질문이다. 탐구로 시작해서 삶으로 이어진다. 서평의 형식을 위해서 앞에 서론 정도만 추가하면 된다. 책 이름과 읽게 된 사연만 들어가도 좋은 서문이다. 그 후에 묵상한 세 가지 질문에 자연스럽게 답하는 식으로 쓰면 된다. 나중에는 이것도 벗어버려야 할 틀이 되겠지만 익숙해질 때까지는 이정표 삼아 진솔하게 쓴다. 때로 탈피하고 싶다면 내 인생과 교차한 "그 한 구절"만 가지고 글을 쓸 수도 있다. 훨씬 자유롭게 풀어갈 수 있을 것이다.

정조가 서평을 쓴 이유는 두 가지였다. 하나는 틈날 때마다 자신의 지식 여정을 돌아보기 위해서였다. 다른 하나는 사람들과 나누기 위해서였다. 서평은 자연스럽게 독서 모임의 토론과 연결된다. 서평과 토론은 형제다. 서평을 쓰면 독서는 나의 삶이 되고, 토론을 하면 우리의 삶이 된다.

함께 모여 토론한다

이제 책을 들고 친구를 만난다. 독서 모임과 토론은 딱 두 가지만 있으면 즐겁게 이어갈 수 있다. 책을 읽어올 것, 서평을 써올 것. 토론은 서평을 발표하는 곳이다. 직접적으로 발표하지 않아도 그 이야기가 오가는 곳이다. 거창한 토론 형식이 있을 것도 없다. 묵상과 서평의 질문 세 가지만 있으면 토론이 풍성해진다. 독서 모임은 최소한의 서평 형식을 공유하는 것이 좋다. 그래야 공통의 이야깃거리를 가지고 모인다. 서평에서 "그러면 나는 어떻게 살 것인가" 했던 것이 토론에서 "그러면 우리는 어떻게 살 것인가"가 되면서 뜨거워진다. 밤이 깊어지고 차가 끊기는 걸 알면서도 식을 줄 모른다.[48]

독서는 스승을 만나는 것이고 독서 토론은 스승과 제자들이 모이는 것이다. 정조는 독서와 토론을 학문의 두 날개라고 했다. 하나만 있으면 학문이 날아오를 수 없다. 정조 자신이 그렇게 학문의 군주가 되었다. 그의 공부는 언제나 독서 토론이었다. 세손 시절부터 그랬다.

> "『맹자(孟子)』의 '자로(子路, 공자의 제자)는 남이 잘못을 말해주면 기뻐했다.'는 장(章)을 진강하였다. 춘방관(세손 교육담당)이 여쭙기를, '대단한 잘못을 저질러 남이 알지 않았으면 하는 일에 대해서 만일 박절한 말로 면전에서 바른대로 지적한다면 저하께서는 이러한 경우를 당했더라도 성내지 않고 기뻐하실 수 있겠습니까?' 하자, 하교하기를, '어찌 성까지 내겠는가.' 하고, 이내 또 하교하기를 '순간적으로는 설사 약간 수용하기 어

48• 앞서 논리 독서 단계에서 심화 연구를 시작했다면, 최종 토론 시간에 연구 결과를 발표하는 순서를 만든다. 모임이 더욱 풍성해질 것이다.

려운 생각이 있을지라도 그로 인해서 그 사람을 미워하는 생각은 없다.' 하였다."[49]

책과 만나는 친구들이 있는 것은 큰 기쁨이다. 그 옛날 공자의 제자들, 소크라테스의 제자들, 예수의 제자들이 그런 기쁨 속에 살았다. 책 읽는 친구들은 단순히 지식만 나눈 게 아니었다. 삶을 나누고 시대를 아파하고 대안을 꿈꾸었다. 20세기 초 런던에는 소설가 버지니아 울프(Virginia Woolf), 경제학자 케인즈(John Keynes) 등이 모인 블룸즈버리 그룹(Bloomsbury Group)이 있었다. 버지니아 울프의 집에서 친구와 가족들이 일주일에 한 번씩 모이면서 시작된 이 모임은 제1차 세계대전 전후의 혼란스러운 상황 속에서 함께 공부하며 우정과 지성을 나누었다. 그들은 함께 호메로스를 읽고 셰익스피어를 읽고 흄을 읽었다. 인류의 고전과 오늘의 고민을 나누면서 기존의 형식을 타파한 아름다움을 창조하기 원했다. 각자의 자리에서 소설을 쓰고 그림을 그리고 학문을 하고 환자를 치료하며 새로운 시대의 선두에 섰다.

1930년대에는 『반지의 제왕』의 J.R.R.톨킨과 『나니아 연대기』의 C.S.루이스 등이 참여한 잉클링즈(Inklings)라는 문학 토론 모임도 있었다. 루이스의 형이나 톨킨의 아들도 참여하는, 친구와 가족이 어

49 • 정조, 〈일득록 1〉, 『홍재전서』, 제161권, 한국고전번역원. 그대로 인용하되 일부 주석을 달았다.

우러진 모임이었다. 작가들이 쓰고 있는 글을 가져와서 함께 읽고 토론하는 자리였다. 『반지의 제왕』을 가장 먼저 읽은 사람들이다. 톨킨은 이 모임 이야기를 소설로 쓰기까지 했다. 모임은 진지하면서도 자유로웠다. 규칙도 없고 순서도 없고 대표자를 뽑지도 않았다. 매주 한 번씩 대학이나 카페에서 모였다. 써온 글은 신랄하게 비평하고 써온 게 없으면 편하게 노닥거렸다. 이런 자유함 속에서 위대한 이야기들이 탄생했다.

때로 독서 모임이 어려운 상황이라면 책으로 대신할 수 있다. 관련된 책을 보는 것도 좋은 모임에 열띤 토론이 될 수 있다. 다른 사람의 서평과 해설을 읽어본다. 깊이 읽고 서평한 후에 해설을 보면 토론이 된다. 독서 전에 해설을 보면 올무가 된다. 책을 해석하는 일장연설과 최면에 걸려 책과 교감하지 못한다. 독서 자체가 독서 토론이 되는 기쁨은 깊이 읽은 사람에게만 주어지는 선물이다.

가족의 식탁도 독서와 토론 모임이 될 수 있다. 독일 비텐베르크에 있던 마르틴 루터의 집이 그랬다. 자녀 6명에 고아가 된 친척 아이들까지 10명이 있었다. 그뿐 아니다. 루터에게 배우고 싶어 찾아온 사람과 이런저런 하숙생을 합하면 20명이 훨씬 넘는 인원이 작은 집에 왁자지껄 모여 살았다. 하인들이 있었으나 아내 카타리나에게는 엄청난 책임의 연속이었다. 하지만 루터도 아내도 가족과 손님이 어우러진 그 자리를 기쁘게 여기며 축복의 공간으로 바꾸었다. 한꺼번에 다 앉을 수도 없는 식탁에 영혼의 양식까지 올려놓았다. 머리를 맞대고 독서하고 토론하며 세상의 변화를 꿈꾸었다. 작은 식탁은 도서관이며 학교이며 광장이었다. 가족의 식탁엔 위선이 들어올 자리가 없다. 눈병과 부부싸움 이야기에서 권력을 비판하는 일까지 삶의 모든 부분이 식탁 위에 올려졌다. 전해지는 이야기를 듣노라면 얼굴이 화끈거릴 때도 있지만 가족의 식탁만이 줄 수 있는 진솔한 선물들이다. 세계사를 바꾼 마법의 식탁이었다.

자, 이제 우리 차례다. 읽고 쓰고 토론하고 사랑할 시간이다. 펜을 들자. 바야흐로 친구들을 만나러 갈 시간이다. @

토론의 최소 원칙

독서 모임은 느슨하게 구성할 수 있지만 일단 토론에 들어가려면 원칙이 필요하다. 준비 없이 질서 없이 토론하면 무슨 책을 읽어도 항상 똑같은 이야기만 돌고 돈다. 여러 스승들에게 배우고 실천하면서 정리한 토론 원칙은 다음과 같다.

1 · 미리 읽고 참여한다.
2 · 서평을 쓰고 참여한다.
3 · 읽은 부분만 토론한다.
4 · 토론 주제를 벗어나지 않는다.
5 · 본문의 근거가 없으면 주장할 수 없다.
6 · 다른 책을 끌어들이지 않는다.
7 · 정답과 권위를 강요하지 않는다.
8 · 자유롭게 말한다.
9 · 의견이 달라도 존중하고 경청한다.
10 · 삶으로 이어지게 한다.

가장 중요한 것은 미리 읽고 오는 것이다. 읽지 않은 사람이 토론에 끼어들면 토론이 망가진다. 토론과 깊은 독서가 익숙하지 않은 독서 모임 초기에는 서평을 써오는 것이나 본문 중심으로 토론하는 것이 힘들기 때문에 기준을 낮출 수도 있다. 하지만 그런식으로 계속하면 깊은 교류와 탐독의 기쁨이 없다. 계획을 가지고 조금씩 발전시켜 가는 것이 좋다. @

삼중 독서법 요약

제3독 : 수사 독서

수사 독서는 책을 사색하고 재창조하는 시간이다.

1 · 책을 평가한다.

1) 세계관 분석(문법적 평가): 작가가 그리는 세계의 틀을 분석한다.

2) 주장 평가(논리적 평가): 주장을 판단하여 찬성 반대를 결정한다.

3) 찬성과 반대의 이유를 점검한다.

4) 공감 평가(수사적 평가): 설득력, 표현법, 장단점을 평가한다.

2 · 묵상하며 읽는다.

1) 분석하지 말고 음미한다.

2) 세 가지 질문을 품고 저자와 대화한다.

① 문법 질문: 무슨 말을 하고 있는가?(주제와 줄거리)

② 논리 질문: 맞는 말을 하고 있는가?(책의 주장과 나의 평가)

③ 수사 질문: 그러면 나는 어떻게 살 것인가?

3) 간단히 메모한다.

3 · 서평하고 토론한다.

1) 배움을 정리하고 나누기 위해 서평을 쓴다.

2) 같은 책을 읽고 서평을 쓴 사람들과 모여 토론한다.

3) 나의 심화 연구 결과를 발표한다.

◆ 수사 독서를 실천하는 독서노트는 279쪽을 참고하기 바란다.

책을 덮으며

책을 덮은 우리는 어떤 사람이 되었는가?

『논어』를 읽고 나서,
다 읽은 뒤에 아무 일 없는 사람도 있으며
한두 구절 깨닫고 기뻐하는 사람도 있으며
알고 좋아하는 사람도 있으며
자기도 모르게 손발이 춤추는 사람도 있다.

요즘 사람들은 책 읽을 줄 모른다.
『논어』를 읽기 전이나 읽은 후나
사람이 달라진 게 없다면
읽은 적이 없는 것이다.
– 정이(程頤)

정말 책을 읽었는지 구별하는 방법이 있다. 삶이 변했는지 보는 것이다. 변한 게 없다면 어린 왕자가 만난 지리학자가 아닌지 돌아볼 일이다.

> "밖으로 돌아다니면서 마을이나 강이나 산, 바다, 대양이나 사막 숫자나 세는 것은 지리학자가 할 일이 아니야. 너무 중요한 사람이라서 그렇게 어슬렁거릴 수가 없단다. 책상을 떠나지 않아."

책과 내가 하나 되었다면 책을 덮어도 독서는 계속된다. 책을 덮었을 때 진짜 도전, 진짜 사랑이 시작된다. 독서 후에 깊어지는 사랑, 독서후애(讀書後愛)라고 할 수 있다. 어디로 갈 것인가? 지리학자가 될 수도 있고 탐험가가 될 수도 있다. 불변의 세계를 담은 큰 책을 자랑하면서 꽃도 모르고 자기 별도 모르는 사람이 될 수도 있고, 장미꽃을 그리며 진짜 세상을 여행하며 살아갈 수도 있다. 증자(曾子)가 전해준 세 가지 질문을 품고 모험을 계속한다면 언젠가 나의 별에 가게 될 것이다.

미리 말해둔다. 실패했다고 주저앉을 필요없다. 모험을 시작한 우리는 이미 예전의 우리가 아니다. 어려운 시대다. 삶은 늘 쉽지 않다. 그래도 가능하다. 독서가 있어서 가능하다. 독서가 희망이다. 1783년 10월 어느 날 정조도 그렇게 말했다.

"당면한 지금 세상의 도의가 풀려 버리고 민생에 대한 근심이 몹시 다급하므로, 이런 때를 바로잡아 구제해 가는 방책에 있어서 벼슬을 떠나 그윽이 독서(讀書)하는 선비에게 희망을 걸고 있었다."[50]

누군가 끝내 떠난다 해도 독서하는 사람이 남아 있는 한 희망은 떠나지 않는다.

독서하는 당신이 희망이다. 독서하는 우리가 희망이다.

50• 〈정조실록 16권〉, 『조선왕조실록』, 국사편찬위원회. 그대로 인용하되 일부 어려운 용어를 쉬운 말로 바꿨다.

천년의
독서
실행록

〈천년의 독서 실행록〉은 지식의 향연에서 삼중 독서까지, 천년의 독서를 구체적으로 실천할 수 있게 도와주는 독서 노트다. 노트가 더 필요하면 gogooma.com에서 노트 파일을 다운로드 받을 수 있다.

실행록 차례

부록

독서 탐험 준비

삼중 독서법을 실천하려면 두 가지 준비가 필요하다. 하나는 함께 읽을 '독서 공동체' 모임을 찾거나 만드는 것이다. 다른 하나는 책과 지식 정보를 꾸준히 알려줄 〈나의 규장각〉을 세우고 정기적으로 지식의 향연을 여는 것이다.

물론 이 둘이 없어도 책을 읽을 수는 있다. 하지만 고립된 독서로는 풍성한 배움과 변화의 기쁨을 맛볼 수 없다.

1

독서 공동체의 꿈

1. 함께 읽어야 깊이 읽는다. 독서 모임의 그림을 그려보자.

독서 모임 이름

모이는 날짜와 장소

회원 구성

운영 방식

2. 만약 적절한 방법과 사람이 떠오르지 않으면 다음을 생각해보기 바란다.

· 가족과 함께 읽는다

· 우리 지역의 독서 모임을 찾는다.

· 온라인 독서 모임을 찾거나 만든다.

· '고전 읽는 구도자 마을-고구마'에 오면 다양한 독서 모임을 찾아볼 수 있다. http://gogooma.com

2
나의 규장각 설립

1. 나의 규장각 이름

2. 나의 관심분야

3. 규장각 관리(도서 정보 대리인) 임명

· 일반

· 나의 관심분야

4. 나의 규장각과 지식의 향연

· 나의 규장각 위치(서점, 도서관 등)

· 지식의 향연 시간(주1회 3~4시간 정도)

· 함께 참여할 사람들

지식의 향연

'지식의 향연'은 〈나의 규장각〉에 방문해서 3~4시간을 보내며 책을 훑어보고 탐독할 책을 찾는 시간이다. 보통 두세 권을 간단히 살펴보고 그중 한 권을 통독할 수 있는 시간이다.

다음을 기록하고 지식의 향연을 시작한다. 이 실행록은 지식의 향연을 1회 진행하는 데 필요한 분량이다.

규장각 방문 날짜

나의 규장각 위치

함께 방문한 사람

1

책 정보 수집

1. 규장각 보고

평소에 규장각 관리들이 알려주는 책과 정보를 메모해놓는다. 지식의 향연 시간에 이 목록의 책을 실제로 확인하면서 탐색을 시작하면 더 풍성한 시간이 된다

	새로 나온 책/추천하는 책	소식/정보
일반		
나의 관심분야		

2

맛보는 독서

1: 첫 번째 고공비행

지식의 향연을 즐기다가 관심 가는 책을 만나면 살짝 맛을 본다.

· 제한 시간: 10분~1시간(보통 30분 내외)

· 탐색 목표: 책 정보 수집, 중요도 판단

· 탐색 장소: 나의 규장각(서점, 도서관 등)

1.책 이름	
2. 저자/역자/출판사[앞표지와 날개]	
3. 추천사/책 소개[뒷표지와 날개]	
4. 목차(이야기 구조/이야기 흐름)	

5. 저자(역자) 서문/후기		
6. 책 분류(십진분류)		
7. 주요 키워드/주제(색인 있으면 참고)		
8. 함께 떠오른 책들		
문학은 생략	9. 핵심장	
	10. 결말	
총평		

한번 읽어볼 만한 책인가?

Yes or No | Why?

2
맛보는 독서

2: 두 번째 고공비행

이번에는 또 다른 책을 맛보기 할 경우에 기록한다. 이미 더 읽고 싶은 책을 만났다면 건너뛰어도 좋지만, 시간이 있다면 어떤 책들이 있는지 더 둘러보는 게 좋다. 고른 책을 잠시 옆에 놓고 한두 권 더 맛보기 한다.

· 제한 시간: 10분~1시간(보통 30분 내외)

· 탐색 목표: 책 정보 수집, 중요도 판단

· 탐색 장소: 나의 규장각(서점, 도서관 등)

1.책 이름	
2. 저자/역자/출판사[앞표지와 날개]	
3. 추천사/책 소개[뒷표지와 날개]	

4. 목차(이야기 구조/이야기 흐름)		
5. 저자(역자) 서문/후기		
6. 책 분류(십진분류)		
7. 주요 키워드/주제(색인 있으면 참고)		
8. 함께 떠오른 책들		
문학은 생략	9. 핵심장	
	10. 결말	
총평		

한번 읽어볼 만한 책인가?

Yes or No | Why?

3: 세 번째 고공비행

다시 한번 고공비행으로 다른 책을 살펴볼 경우에 기록한다. 보통 '지식의 향연' 한 번에 2~3회 맛보기를 하고 1회 삼키기를 하면 균형있는 독서가 된다.

· 제한 시간: 10분~1시간(보통 30분 내외)
· 탐색 목표: 책 정보 수집, 중요도 판단
· 탐색 장소: 나의 규장각(서점, 도서관 등)

1.책 이름	
2. 저자/역자/출판사[앞표지와 날개]	
3. 추천사/책 소개[뒷표지와 날개]	

4. 목차(이야기 구조/이야기 흐름)		
5. 저자(역자) 서문/후기		
6. 책 분류(십진분류)		
7. 주요 키워드/주제(색인 있으면 참고)		
8. 함께 떠오른 책들		
문학은 생략	9. 핵심장	
	10. 결말	
총평		

한번 읽어볼 만한 책인가?

Yes or No | Why?

3
삼키는 독서

저공비행

맛보는 독서에서 찾은 좋은 책을 통독하는 시간이다.

· 탐색 목표: 빠른 일독, 숲을 보며 경치 즐기기

· 탐색 시간: 2~3시간

· 탐색 방법: 멈추지 말고 한번에 쭉 읽기

· 탐색 장소: 나의 규장각, 조용한 카페 등

책 이름

전체 주제

줄거리

키워드: 반복되는 단어, 어려운 단어(문학의 경우, 주요 사건, 인물)

떠오른 질문들

감상/총평

천천히 깊이 읽을 책인가?

Yes or No | Why?

천년의 지혜, 삼중 독서

'지식의 향연'등을 통해서 제대로 읽고 싶은 책을 만났을 때 천년의 지혜가 담긴 삼중 독서를 시작한다. 시간이 얼마나 걸릴지 알 수 없다. 쫓기며 읽는 시간이 아니다. 천천히 뜨겁게 읽는다.

다음을 기록하고 독서를 시작한다.

책 이름

책 읽을 시간대와 장소

읽고 토론할 사람들

독서 시작 날짜

독서 종료 날짜

1

제1독

문법 독서

책은 세계다. 문법 독서는 책 속의 세계로 들어가서 큰 그림을 보고 그 나라 말을 배우는 시간이다. 책을 끝까지 읽으면서 세 가지 작업을 함께 진행한다.

· 개요를 파악한다.
· 어휘를 색인한다.
· 이야기를 요약한다.

참고 · 저자의 개요

읽는 책의 목차 페이지에 있는 내용을 옮기고 필요한 부분에 메모를 더한다. 읽는 책의 목차 페이지를 활용해도 되지만 전체 개관을 다시 한번 보는 차원에서 정리한다.

문법 1 · 개요 파악

1단계	2단계	3단계(단락별 상세 개요)

1단계	2단계	3단계(단락별 상세 개요)

1단계	2단계	3단계(단락별 상세 개요)

1단계	2단계	3단계(단락별 상세 개요)

문법 2 · 어휘 색인

구분	단어/구절/주제	페이지
키워드 (반복되는 말, 어려운 말, 주요 개념) (문학은 인물, 사건, 상징을 특징과 큰 변화 중심으로)		
나의 관심 주제		
좋은 구절		
질문과 걸림돌		

문법 3 · 이야기 요약

1. 이 책의 주제는 무엇인가?

2. 이 책의 줄거리는 무엇인가?

3. 주제와 줄거리를 종합해서 오비디우스처럼 3~4줄로 이야기를 요약해보자.

* '지식의 향연'에서 파악했던 주제나 줄거리와 달라진 부분이 있는가?

4. 더 줄인다. 근대 서양 책들처럼 주제를 담아서 한 줄로 요약한 제목을 만들어보자.

5. 문법 독서를 끝내면 우리에게는 개요, 어휘(색인), 요약이 있을 것이다. 이것을 다른 사람에게 이야기로 전해주면 서로에게 좋다. 상대방은 좋은 정보를 얻어서 좋고 우리는 생각을 정리할 수 있어서 좋다. 가족도 좋고 친구도 좋고 독서 모임도 좋다. 누구에게 이야기를 들려주겠는가?

책갈피

문법 독서에 생각보다 시간이 많이 걸릴 것이다. 아직 책 내용을 완전히 이해한 상태가 아니기 때문에 때로 길고 지루하게 느껴질 수 있다. 증자(曾子)의 질문을 거울삼아 자신을 돌아보자.

마음을 다하고 있는가?

한결같이 하고 있는가? (정해진 시간과 장소에서)

배운 것을 익히고 실천하고 있는가?

2
제2독

논리 독서

책은 대화다. 논리 독서는 책과 이야기를 나누면서 이야기 속에 담겨 있는 주장을 끄집어내는 시간이다. 다음 세 가지 작업을 하나씩 차례로 진행한다.

· 색인된 어휘를 풀이한다.
· 책을 다시 읽으면서 이야기를 논리적으로 재구성한다.
· 남아 있는 질문과 걸림돌을 해결하고 책의 핵심 주장을 정리한다.

┌ 논리 1 · 어휘 사전 만들기

키워드 분석(문학은 사건, 인물, 상징 분석 중심)

나의 관심 주제 분석

질문과 걸림돌 풀이

┌ 저자와 그의 시대

필요하면 저자와 그의 시대에 대해서 자료를 찾고 조사할 수 있다. 책의 언어와 주장을 이해하는 데 도움이 된다. 그동안 이것을 별도로 살펴보지 않은 이유는 사전에 정보가 너무 많으면 선입견이 생기기 때문이다. 이미 충분히 알고 있는 부분이거나, 아직 잘 몰라도 우선 책만 가지고 파악하고 싶다면 건너뛰어도 좋다. 단, 자료는 책의 배경 지식에 한정하기 바란다. 책 내용을 해설한 자료까지 보면 남의 해석 안에 갇히게 된다.

저자

시대와 저술 배경

논리 2 · 이야기의 재구성

1단계	2단계	3단계(단락별 핵심 목록과 최종 요약문)

1단계	2단계	3단계(단락별 핵심 목록과 최종 요약문)

1단계	2단계	3단계(단락별 핵심 목록과 최종 요약문)

1단계	2단계	3단계(단락별 핵심 목록과 최종 요약문)

논리 2 · 책 전체 요약

이야기 재구성 작업이 모두 끝나면, 목차별 요약문을 모으고 다시 재구성해서 최종적으로 하나의 요약문을 만들어보자. 책 전체 요약문이다. 문법 단계에서 정리했던 '이야기 요약' 내용과 비교해보자. 무엇이 달라졌는가? 무엇이 더 분명해졌는가?

논리 3 · 마지막 수수께끼

남아 있는 〈질문과 걸림돌〉을 해결한다.

논리 3 · 지식의 열매: 책의 핵심 주장 10가지

주장	근거

주장	근거

┌ 마지막 관문: 아이에게 설명하기

앞에서 정리한 〈책의 핵심 주장 10가지〉를 어린아이에게 설명해보자. 설명할 수 없다면 아직 이해한 것이 아니다. 설명할 수 없다면 정리했던 것을 꼼꼼히 다시 보거나 〈논리 독서〉 단계 자체를 다시 밟는 것이 좋다. 중요한 것은 빨리 읽는 것이 아니다. 제대로 읽는 것이다.

3

·

제3독

수사 독서

책은 사랑이다. 수사 독서는 책을 평가하면서 가슴으로 삶으로 받아들이는 시간이다. 문법과 논리 단계에서는 주로 저자의 말을 들었다. 이제 내가 이야기할 차례다. 내 안으로, 새롭게 꾸밀 지식의 숲으로 저자를 초대한다. 다음 세 가지 작업을 차례로 진행한다.

· 책을 평가한다.
· 책을 묵상하며 읽는다.
· 서평을 쓰고 토론한다.

┌ 수사 1 · 문법적 평가: 세계관 분석

"복녀의 도덕관 내지 인생관은 그때부터 변하였다." - 〈감자〉

작가가 그리는 세계의 틀을 분석한다. 평가하기위해서 나의 세계관과 비교한다. 판단 이전에 상대방의 세계관을 이해하고 존중하는 것이 우선이다.

항목	책의 세계관	나의 세계관
1. 세계는 어떤 곳인가?		
2. 인간은 어떤 존재인가?		
3. 문제는 무엇인가?		
4. 열쇠는 무엇인가?		

┌ 수사 1 · 논리적 평가: 주장 평가

책의 주장을 판단한다. 찬성, 반대, 유보 중에서 하나를 선택하고, 선택한 이유와 근거를 제시한다. "책의 핵심 주장 10가지"는 논리 독서에서 정리한 목록에서 주장만 간추린 것이다.

책의 핵심 주장 10가지	평가 (찬성/반대/유보)	평가 이유와 근거

수사 1 · 수사적 평가: 공감 평가

공감/설득력/표현법

저자의 주장(소설이라면 인물과 사건)에 공감이 되는가? 설득력이 있는가? 왜 그런가?

저자는 어떤 식으로 이야기를 전달하는가? 효과적인가? (문체, 수사법, 화자〔話者〕의 시점 등)

책의 장점/강점

책의 단점/약점

ㄱ 찬성과 반대의 이유 검토

프랜시스 베이컨은 진리에 가는 길을 방해하는 것들을 '우상'이라고 불렀다. 누군가의 주장을 판단하는 순간은 우리가 우상의 노예로 사는 것은 아닌지 판단할 좋은 기회다.

1. 종족의 우상(Idols of the Tribe)

찬성하거나 반대하는 이유는 무엇인가? 분명한 근거와 논리적인 타당성이 있는가? 감정이나 다른 것들에 영향을 받고 있는 것은 아닌가?

2. 동굴의 우상(Idols of the Cave)

찬성하거나 반대하는 이유는 무엇인가? 분명한 논리는 없고 취향에 가까운 것은 아닌가? 모든 것을 항상 거의 본능적으로 그렇게 판단하지는 않는가? 반대편에 있는 다른 관점은 무엇인가? 반대 관점으로 생각하면 찬성이나 반대가 뒤집어지지는 않는가? 두 관점을 교대로 생각하면 어떤 결론을 내릴 수 있는가?

3. 시장의 우상(Idols of the Market Place)

찬성하거나 반대하는 이유는 무엇인가? 저자가 사용한 단어에 대한 선입견과 오해 때문은 아닌가? 책의 키워드를 다시 한번 살펴보자. 저자가 의도한 뜻대로 이해하고 있는가?

4. 극장의 우상(Idols of the Theater)

찬성하거나 반대하는 이유는 무엇인가? 어떤 이론 체계를 잣대로 삼고 있는가? 그 체계를 점검해보았는가? 지나치게 신봉하고 있는 것은 아닌가? 어떤 약점이 없는가? 그런 약점에도 불구하고 이 책을 타당하게 평가하고 있는가? 이 책이 또 다른 이론 체계를 생각할 기회를 주고 있지는 않은가?

┌ 수사 2 · 묵상하며 읽기

"고전은 유일하게 남아 있는 신탁이다." – 헨리 데이비드 소로

무슨 말을 하고 있는가? (주제와 줄거리)

맞는 말을 하고 있는가? (책의 주장과 나의 평가)

그러면 나는 어떻게 살 것인가?

책과 나눈 이야기(산책하며 발견한 꽃들)

내 인생과 교차한 "그 한 구절"

┌ 수사 3 · 서평쓰기

기본적인 서평의 요소는 다음과 같다.

서론 (책이름과 읽게 된 사연)

① 무슨 말을 하고 있는가?

② 맞는 말을 하고 있는가?

③ 그러면 나는 어떻게 살 것인가?

+ 내 인생과 교차한 그 한 구절(필요하면 포함)

ㄱ 수사 3 · 토론하기

"세 사람이 길을 가면 그 중에 나의 스승이 꼭 있다.
선한 점은 골라서 따르고, 나쁜 점은 고친다." – 공자

다음 원칙을 참고해서 토론한다.

· 미리 읽고 참여한다.
· 서평을 쓰고 참여한다.
· 읽은 부분만 토론한다.
· 토론 주제를 벗어나지 않는다.
· 본문의 근거가 없으면 주장할 수 없다.
· 다른 책을 끌어들이지 않는다.
· 정답과 권위를 강요하지 않는다.
· 자유롭게 말한다.
· 의견이 달라도 존중하고 경청한다.
· 삶으로 이어지게 한다.

논리 독서 단계에서 심화 연구를 시작했다면, 최종 토론 시간에 연구 결과를 발표하는 순서를 가질 수 있다. 모임이 더욱 풍성해질 것이다.

독서 토론 풍경을 스케치해보자.

독서후애(讀書後愛)

독서 후에 진짜 사랑이 시작된다. 지난 독서 과정을 돌아보자. 앞으로를 생각하자. 책에서 배운 지혜를 따라 어떻게 살 것인가?
증자(曾子)가 전해준 세 가지 질문으로 자신을 돌아본다.

마음을 다했는가?

한결같았는가?

배운 것을 익히고 실천했는가?

부록

천년의 독서로 만난 책들

이 책에서 옛 스승들을 따라가며 만난 책들이다. 번역본을 특정하지 않은 책은 각자의 선택에 맡긴다.

- 『미국 독립 선언서(The Declaration of Independence)』.
- 공자, 『논어』.
- 김구, 도진순 옮김, 〈나의 소원〉, 『백범일지』, 2005.
- 마키아벨리, 『군주론』.
- 맹자, 『맹자』.
- 메리 셸리, 『프랑켄슈타인』.
- 바울, 『로마서』.
- 버트런드 러셀, 송은경 옮김, 〈불법?-자살이 위법인가〉, 『인간과 그 밖의 것들』, 오늘의 책, 2005.
- 빅토르 위고, 정기수 옮김, 『레 미제라블』, 총 5권, 민음사, 2012.
- 생텍쥐페리, 『어린 왕자』.
- 송우혜, 『윤동주 평전』, 서정시학, 2014.
- 신채호, 『조선상고사』.
- 아담 스미스, 『국부론』.
- 안소영, 『시인 동주』, 창비, 2015.
- 어거스틴, 『고백록』.

· 에른스트 곰브리치, 박민수 옮김, 『곰브리치 세계사』, 비룡소, 2010.
· 에른스트 곰브리치, 백승길 이종승 옮김, 『서양미술사』, 예경, 2003.
· 오비디우스, 이윤기 옮김, 『변신 이야기』, 총 2권, 민음사, 1998.
· 오비디우스, 천병희 옮김, 『변신 이야기』, 숲, 2005.
· 윌리엄 골딩, 이덕형 옮김, 『파리대왕』, 문예출판사, 1999.
· 유클리드, 『기하학 원론』.
· 조너선 스위프트, 『걸리버 여행기』.
· 쥘 베른, 『15소년 표류기』.
· 플라톤, 박종현 옮김, 『국가』, 서광사, 2005.
· 플라톤, 천병희 옮김, 『국가』, 숲, 2013.
· 플라톤, 박종현 옮김, 〈소크라테스의 변론〉, 『에우티프론, 소크라테스의 변론, 크리톤, 파이돈』, 서광사, 2003.
· 플라톤, 천병희 옮김, 〈소크라테스의 변론〉, 『소크라테스의 변론 크리톤 파이돈 향연』, 숲, 2012.
· 함석헌, 『뜻으로 본 한국역사』, 한길사, 2003.
· 헨드릭 하멜, 『하멜 표류기』.
· 호시 신이치, 윤성규 옮김, 〈발견한 물건〉, 『여러 갈래 미로』, 지식여행, 2007.

읽을 거리

발견한 물건

-호시 신이치

"이봐, 이거 정말 대단한 물건인 것 같아. 일종의 정보장치 같은데?"

지구에 착륙한 필라 별 사람들은 밤에 창고 안에 몰래 숨어들어 갔다. 그리고 창고 한쪽 구석에서 발견한 물건에 대해 서로 이야기를 나누고 있다.

"그런 것 같아. 살짝 조사해 봤는데, 데이터 보존 성능이 있는 것 같아. 그것도 상당한 양의 데이터를 기록할 수 있어."

"그뿐이 아니야. 단지 기록만 하는 것이 아니라, 보기 좋게 정리하는 기능도 있는 것 같아. 필요에 따라 즉시 출력할 수 있도록 정리해 둔 것 같은데."

필라 별 사람들은 그 물건에 점점 더 큰 관심을 보였다.

" 이건 대단한 물건이야! 기록이나 정리뿐만 아니라, 추리도 하고, 일종의 판단도 하는 것 같아. 우리 별에서는 그런 장치는 극소수 사람들만 갖고 있는데.

이 별에서는 이런 귀한 물건이 여기저기 널려 있다니."

"우리 것과 비교하면 이게 훨씬 더 정교하게 제작된 것임에 틀림없어."

"게다가 이 별 녀석들은 모두 하나씩 갖고 있잖아. 그런데도 충분하게 활용하지 않다니, 보물을 가지고도 썩히고 있네. 돌아가면 이 사실을 보고하자.

그리고 대량으로 사들이기 위한 무역을 시작해야 해. 그러기 위해서 견본으로 하나 가져가도록 하자. 어떻게 해야 빠질까?"

창고 구석에서 떨고 있던 수위는 그만 비명을 질렀다.

'아픈 걸 보면 이건 꿈이나 환상이 아니다. 대체 뭐지? 이 이상한 형체의 로봇들은? 다른 별에서 온 로봇들 같은데…… 어떻게 된 일이지? 내 목을 억지로 잡아 빼려고 해. 누, 누가 좀 살려 줘……' @●

● 호시 신이치, 윤성규 옮김, 『여러 갈래 미로』, 지식여행, 132~133쪽

자살은 불법인가?

-버트런드 러셀

(1) 전쟁 직후, 오스트리아가 아주 나쁜 길로 접어들었을 때였다. 오스트리아의 한 농부가 나뭇가지에 목을 맸다. 이웃이 그를 발견하고 숨이 끊어지기 전에 내려주었다. 농부는 그 이웃이 자신에게 삶을 더 부과했다는 이유로 그를 고소했다. 그 당시의 오스트리아에서 사는 것이 끔찍했기 때문에 그 이웃의 행동이 불법이라는 것이었다. 법정도 법적으로는 문제를 삼을 수 없어서 무죄를 선고했으나, 농부의 생각에 동의했던 것 같다.

(2) 자살기도와 관련해 영국과 미국의 대부분 지역에서 채택되고 있는 관점은 좀 다르다. 자살은 살인이며, 따라서 자살기도는 살인기도라는 것이다. 어떤 사람이 삶을 너무나 고통스럽다고 생각하여 자기를 죽이고자 하면, 삶이 보다 즐겁다는 것을 깨닫도록 가르치기 위해 감금형이 주어진다.

(3) 내가 볼 때 이것은 이중적으로 불합리하다. 첫째로, 자살기도가 범죄로 여겨져서는 안 된다. 둘째로, 이 경우에는 감금이 억제력을 발휘할 가능성이 없다.

(4) 자기자신을 죽이는 것은 다른 사람을 죽이는 것만큼이나 나쁘다고 말하는 것은 내가 볼 때 어처구니없는 얘기다. 내가 만약, 다른 사람의 시계를 빼앗아 바다에 던져버린다면 나는 범죄자이겠지만, 내 시계를 바다에 던진다면 아무리 나쁘게 봐도 어리석은 사람 정도

에 불과하다. 게다가 그 시계가 아무 쓸모가 없을 경우 지극히 분별력 있는 사람이라고까지 말할 수 있다. 내 시계에 적용되는 것은 내 생명에도 적용된다. 내가 타인의 생명을 빼앗는다면 내 소유물이 아닌 것을 취한다는 뜻이지만, 나 자신의 생명을 없애는 문제는 다른 누구보다도 내가 더 많이 관계된 문제임에 분명하다.

(5) 내 생명이 타인에게 도움이 될 수 있으니 없애면 안 된다고 주장할지도 모르겠다. 이것은 대체로 도덕적으로는 건전한 주장이지만, 법률을 사적인 윤리처럼 엄격하게 만드는 것은 현명하지 못하다. 소유물에 대해서도 똑같은 얘기를 할지 모르겠다. '비록 무가치한 시계라 해도 그렇게 내버리는 것은 부도덕하다, 어느 꼬마에게 주었으면 얼마나 좋아했겠는가.' 그러나 이 얘기를, 어떤 사람이 멈춰버린 자기 시계를 내버렸다고 해서 그를 감옥에 집어넣을 수 있는 적절한 근거로 보기는 어렵다. 마찬가지로 이런 주장도 있을 수 있다. '사람은 누구나 자신의 남은 인생을 좋은 용도에 쓸 수 있다.' 그러나 그렇게 하는 방법을 전혀 모르는 사람들이 많을 뿐 아니라, 죽어도 공동체에 큰 손실이 되지 않을 사람들도 적지 않다. 어떤 경우에든 사람의 목숨도 자신의 소유물처럼 법적으로 자신의 것이 되어야 마땅하며, 따라서 그가 목숨을 버리기로 마음먹는다면 그렇게 할 수 있게 해 주어야 한다.

(6) 억제력의 관점에서도, 자살기도를 처벌하는 것은 아무짝에 소용이 없다. 자살을 기도하는 사람은 성공을 기대하고, 그렇게 해서 처벌을 면하리라 기대한다. 그러나 실패하여 처벌받게 된 사람이 일

정 기간 갇혀 있다 나온 후에, 인생을 더 흡족한 것으로 보게 될 가능성은 별로 없다.

(7) 자살이란 주제를 다룰 때 그 장단점을 따지기보다는, 이른바 인간 생명의 신성함과 연결시켜 바라보는 경향이 있다. 그러나 나는 그 어구를 심각하게 받아들이는 것이 오히려 불법이라고 본다. 그것을 받아들이는 사람이라면 전쟁에 대해서도 비난해야 마땅하기 때문이다. 너무나 비참한 나머지 자살을 시도하게 되는 저 불행한 사람들 앞에서 인명의 신성함을 호소하는 것은, 전쟁이 인류 제도의 일부로 존재하는 한 철저하게 위선이다. @●

● 버트런드 러셀, 송은경 옮김, 『인간과 그밖의 것들』, 오늘의책, 119~121쪽. 인용하면서 본 책의 특성에 맞게 논의하기 좋도록 단락 앞에 번호를 붙였다. 5번 단락은 내용을 좀 더 명확하게 만들기 위해서 원전을 대조하여 번역을 일부 수정하였다. 좋은 것을 더 좋게 만들려는 의도였지만 혹시 수정 과정에서 오류가 더해졌다면 전적으로 필자의 책임이다.

독서노트 작성 예

개요 파악

1단계	2단계	3단계(단락별 상세 개요)
제1장 시인의 출생	제1차 세계대전 중에 태어난 아기	**(만약 저자가 목차를 3단계까지 나누고 소제목을 달았다면, 여기에 소제목을 먼저 쓰고 밑에 단락별 상세 개요 기록)** · 대한제국이 누렸던 명예롭지 못한 평화는 곧 민족 전체를 재앙에 빠뜨렸다. · 그 어두운 재앙의 시기에 신은 우리에게 한 시인을 보내주었다. · 1917년이었다. · 북간도의 조선인들은 백태(흰콩) 농사를 열심히 지어서 구라파로 수출했다 · 제1차 세계대전 중이었는데 사람들은 구라파(유럽) 전쟁이라고 불렀다. · 그 전쟁은 최초의 세계전쟁이었다. · 그 전쟁 때문에 북간도 백태의 구라파 수출이 잘 되었다. · 사람들이 백태로 돈을 많이 벌었지만, 윤동주의 집은 원래 부자였다. · 사람들의 삶이 모이면 역사가 되는데 백태 농사는 "만주가 유럽의 곡식 창고 역할을 했다"는 문구로 역사책에 남아 있다. · 북간도 명동 학교촌의 윤하현 장로댁은 백태보다 외아들 윤영석 부부의 잉태가 경사였다. · 1917년 12월 30일 윤동주가 태어났다…

송우혜, 『윤동주 평전』, 서정시학

어휘 색인

구분	단어/구절/주제	페이지
키워드 (반복되는 말, 어려운 말, 주요 개념) (문학은 인물, 사건, 상징)	변신	15, 29, 38, 48, 51, 56, 58, 79, 80, 87, 88, 93, 94, 98, 101 …
	기원	16, 17, 18, 19, 38, 39, 49, 73, 80, 138, 168, 169, 226 …
나의 관심 주제	성경과의 비교	16, 20, 24, 30, 33, 34 …
좋은 구절		15, 46, 82, …
질문과 걸림돌	그리스 로마 신화의 여성관 문제	85, 229, 365 …

오비디우스, 『변신 이야기 1』, 이윤기 옮김, 민음사

이야기의 재구성

1단계	2단계	3단계(단락별 핵심 목록과 최종 요약문)
세상은 미쳐가고 있는가?	자살은 불법인가?	1 · 전쟁 직후 오스트리아 농부가 자신의 괴로운 삶을 연장시켰다면서 자살을 막은 이웃을 고소했을 때 법원은 무죄를 선고했지만 농부에게 동의했던 것 같다. 2 · 이와 달리 영국과 미국의 대부분 지역에서 자살은 살인이고 자살 기도는 살인 기도라고 여기며 자살 기도자를 감금한다. 3 · 이것은 자살 기도를 범죄로 여겨서는 안 된다는 점과 감금해도 억제되지 않는다는 점에서 불합리하다. 4 · 내가 내 시계를 바다에 던져도 범죄가 되지 않는 것처럼 내가 내 소유물인 내 생명을 없애는 것은 내 문제일 뿐이다. 5 · 내 생명이 타인에게 도움이 될 수 있다는 주장은 도덕적으로 건전하지만 법적인 문제가 아니므로 목숨을 버리기로 마음먹는다면 그렇게 할 수 있게 해주어야 한다. 6 · 자살을 기도하는 사람은 성공해서 처벌을 피하려할 것이고 자살에 실패해서 감금된다고 더 살고 싶은 생각을 할 것도 아니기 때문에 자살 기도의 처벌은 억제 효과가 없다. 7 · 자살을 시도하는 불행한 사람들 앞에서 생명의 신성함을 호소하면서 전쟁을 비난하지 않는 것이 오히려 불법이고 위선이다. 영국과 미국의 대부분 지역에서 자살은 살인이고 자살 기도를 살인 기도라고 여긴다. 하지만 자살은 불법이 아니며 자유로운 선택의 문제다. 생명은 각자의 소유물이기 때문이다. 또한 자살 기도자를 처벌해도 억제 효과가 없다. 생각이 달라지지 않기 때문이다. 생명의 신성함을 호소하면서 자살을 반대하고 전쟁을 방치하는 것이 오히려 불법이고 위선이다.

만약 문법 단계에서 만든 "단락별 상세 개요"를 그대로 활용하고 새로 핵심 목록을 만들지 않는다면, 이 목록은 여기 없고 〈개요 파악〉 노트에 기록했던 '단락별 상세 개요'에 직접 표시를 하게 된다. 이곳에는 최종 요약문만 있게 된다.

버트런드 러셀, 『인간과 그밖의 것들』, 송은경 옮김, 오늘의책

한국십진분류표(KDC)

000 총류
010 도서학, 서지학
020 문헌정보학
030 백과사전
040 강연집, 수필집, 연설문집
050 일반연속간행물
060 일반 학회, 단체, 협회, 기관
070 신문, 언론, 저널리즘
080 일반 전집, 총서
090 향토자료

100 철학
110 형이상학
120 인식론, 인과론, 인간학
130 철학의 체계
140 경학
150 아시아철학, 사상
160 서양철학
170 논리학
180 심리학
190 윤리학, 도덕철학

200 종교
210 비교종교
220 불교
230 기독교
240 도교
250 천도교
260 신도
270 힌두교, 바라문교
280 이슬람교(회교)
290 기타 제종교

300 사회과학
310 통계학
320 경제학
330 사회학, 사회문제
340 정치학
350 행정학
360 법학
370 교육학
380 풍속, 예절, 민속학
390 국방, 군사학

400 자연과학(순수과학)
410 수학
420 물리학
430 화학
440 천문학

500 기술과학
510 의학
520 농업, 농학
530 공학, 공업일반, 토목공학, 환경공학
540 건축공학

450 지학
460 광물학
470 생명과학
480 식물학
490 동물학

550 기계공학
560 전기공학, 전자공학
570 화학공학
580 제조업
590 생활과학

600 예술
610 건축술
620 조각, 조형예술
630 공예, 장식미술
640 서예
650 회화, 도화
660 사진예술
670 음악
680 공연예술, 매체예술
690 오락, 스포츠

700 언어
710 한국어
720 중국어
730 일본어, 기타 아시아 제어
740 영어
750 독일어
760 프랑스어
770 스페인어, 포르투갈어
780 이탈리아어
790 기타 제어

800 문학
810 한국 문학
820 중국 문학
830 일본 문학, 기타 아시아 문학
840 영미 문학
850 독일 문학
860 프랑스 문학
870 스페인 문학, 포르투갈 문학
880 이탈리아 문학
890 기타 제문학

900 역사
910 아시아
920 유럽
930 아프리카
940 북아메리카
950 남아메리카
960 오세아니아
970 양극지방
980 지리
990 전기

로고스 고전학교 1
천년의 독서

1판 1쇄 펴냄 2017년 10월 20일
1판 2쇄 펴냄 2023년 8월 1일

지은이 전병국

주간 김현숙 | **편집** 김주희, 이나연
디자인 이현정, 전미혜
영업 백국현 | **관리** 오유나

펴낸곳 궁리출판 | **펴낸이** 이갑수

등록 1999년 3월 29일 제300-2004-162호
주소 10881 경기도 파주시 회동길 325-12
전화 031-955-9818 | **팩스** 031-955-9848
홈페이지 www.kungree.com | **전자우편** kungree@kungree.com
페이스북 /kungreepress | **트위터** @kungreepress
인스타그램 /kungree_press

ISBN 978-89-5820-487-9 03300

책값은 뒤표지에 있습니다.
파본은 구입하신 서점에서 바꾸어 드립니다.